VERÓNI...

2017
UN AÑO LLENO DE GRACIA

LOYOLAPRESS.
UN MINISTERIO JESUITA
Chicago

LOYOLAPRESS.
UN MINISTERIO JESUITA

3441 N. Ashland Avenue
Chicago, Illinois 60657
(800) 621-1008
www.loyolapress.com

© 2016 Loyola Press
Todos los derechos reservados.

Los pasajes de las Escrituras fueron sacados del Leccionario I © 1976 Comisión Episcopal de Pastoral Litúrgica de la Conferencia del Episcopado Mexicano. Leccionario II © 1987 Comisión Episcopal de Pastoral Litúrgica de la Conferencia del Episcopado Mexicano. Leccionario III © 1993 Comisión Episcopal de Pastoral Litúrgica de la Conferencia del Episcopado Mexicano. Uso con permiso. Todos los derechos reservados.

Diseño de la portada y del interior de Kathy Kikkert.

ISBN-13: 978-0-8294-4429-2
ISBN-10: 0-8294-4429-7
Número de Control de Biblioteca del Congreso USA: 2016939172

Impreso en los Estados Unidos de América.

16 17 18 19 20 21 22 Bang 10 9 8 7 6 5 4 3 2 1

Introducción

Bendiciones de Dios, amor y paz.

Mi nombre es Verónica y soy méxico-americana. Nací y crecí en la franja fronteriza de El Paso, Texas, y soy la menor de 18 hijos. Mis padres nos inculcaron desde pequeños la fe e hicieron un gran esfuerzo por enviarnos a todos a escuelas católicas. La raíces de mi fe se fundamentan en la familia, las tradiciones hispanas, la formación jesuita y la espiritualidad ignaciana.

Estas reflexiones se basan en mi formación y en la sabiduría heredada de mi familia, especialmente de mi madre, Teresa Rayas, a quien con cariño dedico estas reflexiones. También se las dedico a mi pastor, monseñor Arturo Bañuelas, quien siempre me ha guiado en mi camino de fe; a san Ignacio, mi ejemplo a seguir y cuya espiritualidad me sigue inspirando y retando en cada momento de mi vida; y a mucha gente extraordinaria de fe que Dios ha puesto en mi camino. Espero que estas meditaciones te inspiren a orar y a crecer más profundamente en tu relación con Dios, para que así puedas servir mejor dentro de tu ministerio parroquial o en casa con tu familia, que es tu Iglesia doméstica.

En estas reflexiones nos enfocaremos en tres áreas de oración inspiracional:

- **Espiritualidad ignaciana**: Ruego que obtengas una profunda comprensión de la espiritualidad ignaciana y que lleves a tu corazón su sabiduría. San Ignacio encontró, amó y sirvió a Dios, y quiere ayudarnos en nuestro camino espiritual hacia Él. San Ignacio fue un hombre brillante, con una extraordinaria fe y sabiduría que hemos heredado y que siguen siendo significativas y de gran valor en nuestros días. Practica su espiritualidad e incorpórala a tu vida. Intenta el examen diario, medita con los Evangelios, encuentra a Dios en todas las cosas, vive con el principio y fundamento de san Ignacio, usa tu imaginación y practica "magis" para Dios y para los demás. Verás que todas las reflexiones se basan en las lecturas de los Evangelios, a la manera ignaciana.
- **Tradición hispana**: También te invito a que participes de la rica tradición cultural católica de los hispanos y de la sabiduría de tus antepasados. Personalmente, yo tengo vivo el recuerdo de la hospitalidad de mis padres, la costumbre de mojarnos en el día de san Juan, los cuadros y las estatuas de los santos que adornaban mi casa paterna, las Posadas y cómo escuchaba el nombre de Dios en lo cotidiano. Muchas de estas extraordinarias tradiciones tienen lugar en las casas de las familias hispanas y son parte de nuestra identidad católica. Estas tradiciones contienen valores, sabiduría, enseñanzas y

virtudes que nos llevan a una fe y una misericordia más profundas. ¡Es nuestra manera de ser católicos!
- **Oración diaria**: Te invito a orar diariamente con las Escrituras usando el método ignaciano. Estas reflexiones son meditaciones cortas que se pueden practicar a cualquier hora del día: en la quietud de la mañana, en el receso de comida o en el tren al trabajo. Las Escrituras nos dan la oportunidad de encontrar a Jesús y de llegar a conocerlo mejor. Cada semana habrá una meditación basada en la contemplación ignaciana. Es la manera como san Ignacio nos invita a usar la imaginación y a adentrarnos en las Escrituras. (Véanse los seis componentes básicos más adelante.)

Mi deseo y oración para ti es que estas reflexiones inspiren tu oración y te ayuden en tu caminar con el fin de que todo lo que hagas sea "para la mayor gloria de Dios" (AMDG).

Ahora siéntate, tómate tiempo para orar y "¡ve y enciende al mundo!".

Contemplación ignaciana

1. **Ponte en la presencia de Dios**: En este momento permítete estar presente para Dios, haciendo a un lado las distracciones. Enfócate en tu respiración, sé consciente de la presencia de Dios y de lo mucho que él te ama. Imagina a Jesús sentado junto a ti en la silla vacía.

2. **Oración preparatoria:** San Ignacio nos invita a cruzar el umbral de la oración. Haz una oración sencilla como preparación para ese encuentro ofreciendo tu tiempo, tus pensamientos y tus intenciones. Además, pide la gracia especial que necesites en ese momento (esperanza, paz, sanación, etc.)
3. **Lectura:** Lee el pasaje lentamente en actitud orante.
4. **Contemplación:** Adéntrate en las Escrituras usando tu imaginación. Observa lo que sucede en este pasaje usando tus sentidos; fija tu atención en los personajes, en sus reacciones y en sus sentimientos. Sostén una conversación sencilla con Jesús o con alguno de los personas del pasaje.
5. **Diálogo:** Imagina a Jesús sentado junto a ti. ¿Qué le dirías en tu reflexión? También compártele acerca de tu vida, esperanzas, estragos, etc. Luego deja que Jesús te hable. ¿Qué te dice?
6. **Oración final:** Después de contemplar el pasaje del Evangelio, repasa tus pensamientos y emociones. ¿Cómo te sientes? ¿Qué pasa por tu mente? Ahora termina rezando el Padre Nuestro.

Domingo
27 DE NOVIEMBRE

• I DOMINGO DE ADVIENTO •

"También ustedes estén preparados, porque a la hora que menos lo piensen, vendrá el Hijo del hombre".
—MATEO 24:44

Cuando piensas en la palabra *espera*, ¿qué te hace sentir?

Algunas veces la espera nos puede causar ansiedad, como la espera de una llamada telefónica importante. En otras ocasiones nos produce una alegre expectativa, como la espera del nacimiento de un bebé o el aterrizaje de un avión en el que llega un ser querido.

El Adviento nos invita a tomar un receso en nuestra rutina normal para adentrarnos en un tiempo especial lleno de esperanza. En esta espera, seamos conscientes de la presencia de Dios; escuchemos y busquemos su mensaje acerca de la encarnación, la esperanza y la luz en lo cotidiano.

Este Adviento, toma la determinación de estar alerta mediante momentos de silencio y oración.

Isaías 2:1–5
Salmo 122:1–2,3–4,4–5,6–7,8–9
Romanos 13:11–14
Mateo 24:37–44

Lunes
28 DE NOVIEMBRE

"Yo les aseguro que en ningún israelita he hallado una fe tan grande".
—MATEO 8:10

Ponte en la presencia de Dios, oración preparatoria, lectura, contemplación, diálogo, oración final.

Imagina este pasaje bíblico: un centurión se acerca a Jesús para pedirle que sane a su criado, quien padece de parálisis. El poderoso oficial del ejército recurre a su gran fe y confía en la autoridad de Jesús para la sanación de su criado.

Observa al centurión. ¿Qué ves, escuchas o sientes? Pregúntale: "Siendo un gentil, ¿cómo es posible que tengas una fe tan grande en Jesús? ¿Cómo es que estás dispuesto a depender totalmente de él?".

El centurión te pregunta: "¿Qué clase de sanación estás buscando y para quién? ¿Tienes fe y crees en la autoridad de Jesús? ¿Qué te impide confiar en él?".

¿Cómo terminarías esta conversación? Repasa tus pensamientos y emociones. Padre nuestro. . . .

Isaías 4:2–6
Salmo 122:1–2,3–4b,4cd–5,6–7,8–9
Mateo 8:5–11

Martes
29 DE NOVIEMBRE

"Dichosos los ojos que ven lo que ustedes ven".
—LUCAS 10:23

¿Puedes ver bien?

Jesús vino al mundo como un bebé. Se hizo carne como uno de nosotros, y así el amor de Dios se hizo concreto y visible. Durante el Adviento celebramos la Encarnación; el hecho de que Dios no es un simple pensamiento o sentimiento, como tampoco un ente lejano y abstracto que está en las nubes, sino que está presente con nosotros cada día. El Adviento nos da la oportunidad de ver de una manera diferente la Encarnación y reconocer las muchas bendiciones y gracias que nos rodean, especialmente en el amor de nuestras familias, amigos y seres queridos.

Pide la gracia de ver a Dios en todas las cosas y sé testigo de la Encarnación. Mantén los ojos abiertos para ver la presencia de Dios en este día.

Isaías 11:1–10
Salmo 72:1–2,7–8,12–13,17
Lucas 10:21–24

Miércoles
30 DE NOVIEMBRE

• SAN ANDRÉS, APÓSTOL •

"Síganme".
—MATEO 4:19

¿Demuestras con tus palabras y acciones que eres un discípulo de Cristo Jesús?

Jesús se hizo humano para enseñarnos con ejemplos reales a cuidar de las viudas, los huérfanos y los pobres. Al aliviar el sufrimiento de los demás, nos muestra su corazón compasivo y amoroso. Él es la revelación del amor de Dios y un modelo de humildad y servicio a los demás. Cuando llamó a sus discípulos simplemente les dijo "síganme".

Somos creados a imagen de Cristo para que lo imitemos y seamos más como él. Como discípulos, seguimos las palabras y las acciones de Jesús, el gran maestro. De ese modo amaremos lo que él ama, buscaremos lo que él busca y haremos lo que él hace. No podemos ser discípulos verdaderos si no seguimos al maestro.

Romanos 10:9–18
Salmo 19:8,9,10,11
Mateo 4:18–22

Jueves
1 DE DICIEMBRE

"El que escucha estas palabras mías y las pone en práctica, se parece a un hombre prudente, que edificó su casa sobre roca".
—MATEO 7:24

¿Está tu vida cimentada en Dios?

En muchos hogares hispanos, Dios es el centro y el cimiento de la vida familiar. Esto se aprecia en las numerosas imágenes religiosas que se colocan en los distintos cuartos de la casa. El lenguaje de Dios, expresado en la oración en familia, también ocupa un importante lugar.

Piensa en las imágenes religiosas que había en el hogar de tu niñez y en cuántas veces escuchaste las frases "Si Dios quiere" o "Dios te bendiga". Puesto que todo esto era parte de tu entorno diario, quizás no lo apreciabas como símbolo de Dios y fundamento de tu vida. Repasa las palabras o acciones simbólicas de tu vida que muestran a Dios como cimiento, y da gracias por ese tesoro.

Isaías 26:1–6
Salmo 118:1 y 8–9,19–21,25–27a
Mateo 7:21,24–27

Viernes
2 DE DICIEMBRE

Entonces les tocó los ojos, diciendo: "Que se haga en ustedes conforme a su fe". Y se les abrieron los ojos.
—MATEO 9:29–30

¿Es posible perder de vista el verdadero significado del Adviento? ¡Sin lugar a dudas!

Nuestra visión se puede nublar y desviarse a las fiestas, decoraciones, ventas y los regalos navideños. También nos podemos dejar llevar por la tentación de zambullirnos directamente en la Navidad. Recordemos que el Adviento es un tiempo especial de preparación y espera para que la esperanza, la paz, el amor y la alegría vuelvan a nacer. Usemos este caminar por el Adviento para enfocar los ojos de nuestro corazón en Jesús.

Pídele a Dios que también toque tus ojos, para que puedas ver que el Adviento te lleva a la Navidad. Así, en la preparación y en la espera, verás la esperanza, la paz, el amor y la alegría que Dios te ofrece.

Isaías 29:17–24
Salmo 27:1,4,13–14
Mateo 9:27–31

Sábado
3 DE DICIEMBRE

• SAN FRANCISCO JAVIER, PRESBÍTERO •

"La cosecha es mucha y los trabajadores, pocos".
—MATEO 9:37

Al celebrar la fiesta de san Francisco Javier pregúntate: "¿Qué hago en mi trabajo y en mi ministerio para preparar a los trabajadores para la cosecha?".

San Francisco Javier fue un verdadero apóstol, misionero y trabajador que llegó hasta el otro extremo del mundo para predicar el evangelio en la India. Se le conoce como uno de los primeros grandes misioneros jesuitas, que predicó el evangelio y atendió las necesidades de los pobres y enfermos. Consciente de que en la India la cosecha era mucha y los trabajadores pocos, san Francisco Javier preparó a líderes laicos y catequistas para continuar la enseñanza y evangelización antes de dirigirse a otros pueblos.

Invita a alguien a servir en un ministerio y comparte tus experiencias con esa persona.

Isaías 30:19–21,23–26
Salmo 147:1–2,3–4,5–6
Mateo 9:35–10:1,5a,6–8

Domingo
4 DE DICIEMBRE
• II DOMINGO DE ADVIENTO •

Una voz clama en el desierto: *"Preparen el camino del Señor, enderecen sus senderos"*.
—Mateo 3:3

¿Quién quiere hacer tamales?

Hacer tamales es más que preparar un simple platillo; es un tiempo de preparación en familia para la Navidad. Esta sabrosa tradición necesita de varias manos. Al trabajar juntos en equipo, cada persona tiene una función especial en la elaboración de los tamales, a la vez que se crean memorias y risas que llenan el ambiente.

Tradiciones como esta nos permiten hacer tiempo para nuestros seres queridos y nos ayudan a prepararnos para la Navidad. Es en la familia donde experimentamos y atestiguamos la encarnación del amor de Jesús.

Reúne a tu familia e invítala a hacer algo en anticipación a la Navidad. Hagan tamales, junten regalos para una familia necesitada o dediquen tiempo a otro proyecto en el que participe toda la familia.

Isaías 11:1–10
Salmo 72:1–2,7–8,12–13,17
Romanos 15:4–9
Mateo 3:1–12

Lunes

5 DE DICIEMBRE

Pero como no encontraban por dónde meterlo a causa de la muchedumbre, subieron al techo y por entre las tejas lo descolgaron en la camilla y se lo pusieron delante a Jesús.
—LUCAS 5:19

Ponte en la presencia de Dios, oración preparatoria, lectura, contemplación, diálogo, oración final.

Los hombres que cargaron al paralítico demostraron tener una gran fe en la habilidad de Jesús para sanar. Persistente y creativamente, estos hombres no se dejaron detener por nada.

Imagina la escena. Siéntate y platica con uno de estos hombres. Pregúntale: "¿Cuál es tu versión de la historia? ¿Cómo te vio Jesús desde adentro y cuál fue su reacción? ¿Se molestó alguien por lo que ustedes hicieron?". El hombre te pregunta: "¿Qué harías por uno de tus amigos? ¿Cuál de ellos necesita de tu atención y oraciones?".

¿Cómo terminarías esta conversación? Repasa tus pensamientos y emociones. Padre nuestro. . . .

Isaías 35:1–10
Salmo 85:9ab y 10,11–12,13–14
Lucas 5:17–26

Martes

6 DE DICIEMBRE

• SAN NICOLÁS, OBISPO •

"De igual modo, el Padre celestial no quiere que se pierda uno solo de estos pequeños".
—MATEO 18:14

¿Por qué los hispanos estamos siempre juntos?

Como hispanos, nos gusta estar en familia y comunidad. El sentido de comunidad está en nuestra sangre y en nuestro corazón. Fuimos hechos el uno para el otro. Dios no quiere que estemos solos en nuestro caminar hacia él.

Si una oveja se queda sola, no sobrevivirá. El Buen Pastor siempre viene en su busca. En nuestro vivir diario encontramos a una oveja perdida, especialmente en aquellos que se sienten solos, rechazados, ignorados, o que son recién llegados a este país.

Hoy sé los ojos y las manos del Buen Pastor que busca y abraza a las ovejas perdidas. Así mostrarás que eres parte del pueblo de Dios.

Isaías 40:1–11
Salmo 96:1–2,3 y 10AC,11–12,13
Mateo 18:12–14

Miércoles
7 DE DICIEMBRE
• SAN AMBROSIO, OBISPO Y DOCTOR DE LA IGLESIA •

En aquel tiempo, Jesús dijo: "Vengan a mí, todos los que están fatigados y agobiados por la carga, y yo los aliviaré".
—MATEO 11:28

Ponte en la presencia de Dios, oración preparatoria, lectura, contemplación, diálogo, oración final.

Jesús ofrece descanso a los que se sienten agobiados.

Adéntrate en las Escrituras e imagina a Jesús sentado frente a ti. Míralo a los ojos y escucha sus palabras. Él te dice: "Te observo en medio del trabajo, la familia, el ministerio y otras ocupaciones. ¿Qué preocupaciones o cargas te agobian? ¿Las quieres compartir conmigo? ¿Puedo ayudarte a cargarlas?".

Respóndele: "¿Me podrías ayudar a confiar y a depender de ti?".

Toma un momento de silencio para descansar en la presencia de Jesús.

¿Cómo terminarías esta conversación? Repasa tus pensamientos y emociones. Padre nuestro. . . .

Isaías 4:25–31
Salmo 103:1–2,3–4,8 y 10
Mateo 11:28–30

Jueves
8 DE DICIEMBRE

• SOLEMNIDAD DE LA INMACULADA CONCEPCIÓN DE LA SANTÍSIMA VIRGEN MARÍA •

El ángel le dijo: "No temas, María, porque has hallado gracia ante Dios".
—LUCAS 1:30

¿Sintió María realmente temor?

María tuvo un propósito especial en la vida. A través de su "Sí" a Dios, el mundo pudo conocer el mensaje y el amor de Jesucristo. A pesar de las dudas, la vergüenza o las sospechas, ella aceptó humildemente el plan de Dios. Por eso es inspiración y modelo para los que nos dedicamos al ministerio.

Dios también nos creó a cada uno de nosotros con un propósito, y nos llama a utilizar nuestra vida al servicio de él y de los demás. A través de nuestros diferentes dones se nos invita a ser parte de la Encarnación, dando a conocer el mensaje y el amor de Jesús.

En oración, pídele a María que te guíe con su sabiduría en tu ministerio.

Génesis 3:9–15,20
Salmo 98:1,2–3ab,3CD–4
Efesios 1:3–6,11–12
Lucas 1:26–38

Viernes
9 DE DICIEMBRE

• SAN JUAN DIEGO CUAUHTLATOATZIN •

*"Yo soy el Señor, tu Dios,
el que te instruye en lo que es provechoso,
el que te guía por el camino que debes seguir".*
—ISAÍAS 48:17

¿Alguna vez te has sentido inadecuado en tu ministerio?

En ocasiones nos asalta la inquietud de si somos buenos catequistas, ministros de Eucaristía, lectores o encargados de algún otro ministerio. Nos preguntamos: "¿Por qué Dios me ha llamado? Pudo haber escogido a alguien más inteligente, con educación teológica o con más experiencia". San Juan Diego se sintió indigno de ser un instrumento de la obra de Dios. Aun así, nuestra Madre Santísima lo escogió: "Escucha, el más pequeño de mis hijos, ten por cierto que no son escasos mis servidores, mis mensajeros, a quienes encargué que lleven mi aliento, mi palabra".

Pídele a la Virgen de Guadalupe que te afirme en tu ministerio y escucha lo que ella te responde.

Isaías 48:17–19
Salmo 1:1–2,3,4 y 6
Mateo 11:16–19

Sábado

10 DE DICIEMBRE

"Es más, yo les aseguro a ustedes, Elías ha venido ya, pero no lo reconocieron".
—MATEO 17:12

¿Es visible la alegría del Evangelio en la manera como vives tu vida?

Somos privilegiados por poder leer los Evangelios de Jesús en su totalidad. Podemos ver su historia completa: nacimiento, vida, Pasión, Muerte y Resurrección. No existen interrogantes acerca del final. Dios es todopoderoso; Jesús es victorioso y se nos invita a ser parte del reino de Dios.

Si en verdad creemos esto, nuestra vida reflejará la alegría del Evangelio. Debemos ser personas de esperanza, alegría y amor, dedicando nuestra vida a llevar este mensaje a los demás.

Piensa en las últimas 24 horas: ¿en qué momentos llevaste la alegría del Evangelio? Anticipa las siguientes 24 horas y piensa en cómo vivirás mañana esa alegría.

Eclesiástico 48:1–4,9–11
Salmo 80:2ac y 3b,15–16,18–19
Mateo 17:9a,10–13

Domingo
11 DE DICIEMBRE
• III DOMINGO DE ADVIENTO •

"Vayan a contar a Juan lo que están viendo y oyendo: los ciegos ven, los cojos andan, los leprosos quedan limpios de la lepra, los sordos oyen, los muertos resucitan y a los pobres se les anuncia el Evangelio. Dichoso aquel que no se siente defraudado por mí".
—MATEO 11:4–6

¿Por qué celebramos la alegría, si estamos a dos semanas de Navidad?

En este tercer domingo de Adviento celebramos la alegría. Los corazones humanos deseamos alegría. La verdadera alegría proviene de conocer a Dios y experimentar su amor, su presencia y su cercanía en nuestra vida. El teólogo y sacerdote Henri Nouwen describió la alegría como "la experiencia de saber que somos incondicionalmente amados y que nada, ni la enfermedad, el fracaso, la angustia, la opresión, la guerra o incluso la muerte, puede quitarnos el amor".

Silencia tu interior para sentir la alegría. Deja que Dios te llene.

Isaías 35:1–6a,10
Salmo 146:6–7,8–9,9–10
Santiago 5:7–10
Mateo 11:2–11

Lunes
12 DE DICIEMBRE
• NUESTRA SEÑORA DE GUADALUPE •

Entró el ángel a donde ella estaba y le dijo: "Alégrate, llena de gracia, el Señor está contigo".
—LUCAS 1:28

¿Por qué sigue siendo importante el mensaje de la Virgen de Guadalupe?

El suceso ocurrido en Tepeyac fue el comienzo de la nueva evangelización en las Américas. La aparición de la Virgen de Guadalupe coincidió con el momento histórico de la conquista y el Nuevo Mundo. Ella llegó como la "Virgen Mestiza", retándonos a abrazar nuestras diferencias culturales como regalos que enriquecen a la familia humana.

Esta nueva evangelización nos llama a construir una nueva sociedad que celebre nuestra diversidad y singularidad. Una sociedad que albergue una nueva humanidad, donde todos seamos tratados con dignidad y respeto, donde todos disfrutemos de los derechos humanos dados por Dios y donde todos seamos hermanos en la gran familia de Dios.

Vive este mensaje. ¡Que viva la Virgen de Guadalupe!

Zacarías 2:14–17 o Apocalipsis 11:19a;12:1–6a,10ab
Judith 13:18bcde,19
Lucas 1:26–38 o 1:39–47

Martes
13 DE DICIEMBRE

• SANTA LUCÍA, VIRGEN Y MÁRTIR •

"¿Cuál de los dos hizo la voluntad del padre?". Ellos le respondieron:
"El segundo".
—MATEO 21:31

Ponte en la presencia de Dios, oración preparatoria, lectura, contemplación, diálogo, oración final.

Es fácil responder a una petición con las palabras "sí, lo haré". Sin embargo, son las acciones, el actuar cuando nos lo piden, lo que demuestra nuestra obediencia a Dios.

Adéntrate en las Escrituras y observa los rostros de los hijos cuando le responden a su padre. Presta mucha atención a sus reacciones y expresiones. Ahora siéntate con Jesús. Él te pregunta: "¿Te das tiempo de reflexionar en tus acciones? ¿Corres riesgo de actuar como algunos líderes religiosos, que dicen una cosa y hacen otra?". Responde: "¿Me puedes ayudar?".

¿Cómo terminarías esta conversación? Repasa tus pensamientos y emociones. Padre nuestro. . . .

Sofonías 3:1–2,9–13
Salmo 34:2–3,6–7,17–18,19 y 23
Mateo 21:28–32

Miércoles

14 DE DICIEMBRE

• SAN JUAN DE LA CRUZ, PRESBÍTERO Y DOCTOR DE LA IGLESIA •

*"Yo soy el Señor y no hay otro.
Yo soy el artífice de la luz
y el creador de las tinieblas,
el autor de la felicidad y el hacedor de la desgracia;
yo, el Señor, hago todo esto".*
—ISAÍAS 45:6

¿Esperas en la oscuridad?

Este es el tiempo con menos luz del año. Los días son más cortos y las noches más largas. Pero no se quedarán así: creemos en la Encarnación, en el hecho de que Jesús —la luz— vino a este mundo a disipar las tinieblas. La espera del Adviento no debe centrarse en la oscuridad, sino en que esperamos confiados la luz.

El Adviento te llama a dar luz a un mundo oscurecido. Comparte tu luz con los demás; míralos a los ojos con cariño, escucha sus penas con atención o enciende una vela por ellos.

Isaías 45:6b–8,18,21b–25
Salmo 85:9ab y 10,11–12,13–14
Lucas 7:18b–23

Jueves
15 DE DICIEMBRE

"¿O qué salieron a ver? ¿A un hombre vestido con telas preciosas? Los que visten fastuosamente y viven entre placeres, están en los palacios".
—LUCAS 7:25

¿Qué estás haciendo para prepararte para la Navidad?

El objetivo de la mercadotecnia y de los anuncios es hacernos querer cosas. Los publicistas diseñan campañas que nos instigan a ansiar los más modernos aparatos, los juguetes más novedosos o las cosas más caras. Estas posesiones, o el quererlas, pueden impedir nuestra habilidad de ver qué es el Adviento. El Adviento es un tiempo en el que nuestra mente y nuestro corazón se preparan para recibir al niño Jesús. La preparación no consiste en querer cosas, sino en acciones que nos preparen o nos cambien para recibir al niño Dios.

Enfócate en tu preparación: reza, sé una persona de servicio, extiende tus brazos con bondad y busca a Dios en tu entorno.

Isaías 54:1–10
Salmo 30:2 y 4,5–6,11–12a y 13b
Lucas 7:24–30

Viernes
16 DE DICIEMBRE

"Pero yo tengo un testimonio mejor que el de Juan: las obras que el Padre me ha concedido realizar y que son las que yo hago, dan testimonio de mí y me acreditan como enviado del Padre".
—JUAN 5:36

Cuando piensas en las posadas, ¿puedes escuchar la música en tu mente?.

Un tesoro del Adviento, heredado de nuestros antepasados, es el ritual de las posadas. Esta noche empezamos la jornada con José y María buscando alojamiento. Nuestra reflexión se centrará en caminar con José y María o en negarles la posada.

Continuemos este camino de Adviento preparando nuestro corazón. Oremos y cantemos las palabras que dan la bienvenida a la Sagrada Familia: "Entren Santos Peregrinos, Peregrinos, reciban este rincón, aunque es pobre la morada, la morada, os la doy de corazón".

Isaías 56:1–3a,6–8
Salmo 67:2–3,5,7–8
Juan 5:33–36

Sábado
17 DE DICIEMBRE

De modo que el total de generaciones, desde Abraham hasta David, es de catorce; desde David hasta la deportación a Babilonia, es de catorce, y desde la deportación a Babilonia hasta Cristo, es de catorce.
—MATEO 1:17

¿Valoras tu propia historia?

La línea genealógica de Jesús nos muestra que viene de sangre real. La larga lista de antepasados también abarca gente de todo tipo: hombres y mujeres, judíos y gentiles, justos y pecadores, gente poderosa y gente común. La genealogía de Jesús nos enseña su divinidad, pero a la vez se asocia con nuestra humanidad. Dios se quiere identificar con nuestra historia.

En oración, abre tu corazón y comparte tu historia con Jesús.

Génesis 49:2,8–10
Salmo 72:1–2,3–4ab,7–8,17
Mateo 1:1–17

Domingo
18 DE DICIEMBRE
• IV DOMINGO DE ADVIENTO •

He aquí que la virgen concebirá y dará a luz un hijo, a quien pondrán el nombre de Emmanuel, que quiere decir Dios-con-nosotros.
—MATEO 1:23

¿Cómo sabes que Dios está contigo?

Dios está presente en nuestra vida cotidiana. Nuestro Dios no es un Dios lejano que vive en las nubes, sino que reside en cada espacio de nuestro día y espera tener una relación con nosotros. Para muchos hispanos, a Dios se le conoce primero a través del corazón, de lo hermoso de la Creación y del canto. Mediante el canto, Dios se comunica en un lenguaje que nos llega al corazón.

Pídele a Dios un corazón sensible, uno que sepa escuchar y ver que él se encuentra contigo en los momentos cotidianos. Busca a Dios en las personas, en la música y en la belleza de tu entorno.

Isaías 7:10–14
Salmo 24:1–2,3–4,5–6(7c y 10b)
Romanos 1:1–7
Mateo 1:18–24

Lunes
19 DE DICIEMBRE

"Estará lleno del Espíritu Santo, ya desde el seno de su madre. Convertirá a muchos israelitas al Señor".
—LUCAS 1:15–16

¿Se dirigen hacia ti o hacia Dios los frutos de tu ministerio?

Juan el Bautista no era jesuita, pero podemos decir que vivió bajo el lema de "Para la Mayor Gloria de Dios" (o AMDG, por sus siglas en latín). Todo lo que hacía, lo dirigía a Jesús. Su vida y su ministerio no se centraban en él, sino en preparar el camino para Jesús. Juan fue escogido para hacer grandes cosas para Dios, y por eso es un modelo del lema AMDG.

Aprende de Juan el Bautista y dirige a Jesús todo lo que hagas. Usa este lema en tu ministerio: "Para la Mayor Gloria de Dios".

Jueces 13:2–7,24–25a
Salmo 71:3–4a,5–6ab,16–17
Lucas 1:5–25

Martes
20 DE DICIEMBRE

Entró el ángel a donde ella estaba y le dijo: "Alégrate, llena de gracia, el Señor está contigo".
—LUCAS 1:28

¿Has sentido la felicidad que procura el ser agradecido?

A través del examen diario, san Ignacio nos invita a reflexionar sobre las últimas 24 horas con ojos de gratitud. Cuando repasamos nuestro día hora por hora, es fácil darnos cuenta de las múltiples bendiciones que se nos han dado y reconocer la presencia de Dios en nuestra vida. La alegría de tomar de la mano a nuestros hijos, la conversación con nuestros seres queridos, la casa en la que vivimos, la habilidad de poder respirar aire fresco y otras cosas que quizá demos por sentadas, son bendiciones que deben motivar nuestro agradecimiento.

Repasa las últimas 24 horas de tu día con ojos de gratitud, reconociendo que Dios está presente en tu vida.

Isaías 7:10–14
Salmo 24:1–2,3–4ab,5–6
Lucas 1:26–38

Miércoles
21 DE DICIEMBRE
• SAN PEDRO CANISIO, PRESBÍTERO Y DOCTOR DE LA IGLESIA •

En cuanto ésta oyó el saludo de María, la criatura saltó en su seno. Entonces Isabel quedó llena del Espíritu Santo y levantando la voz, exclamó: "¡Bendita tú entre las mujeres y bendito el fruto de tu vientre!".
—LUCAS 1:41–42

¿Eres capaz de encontrar alegría en una situación difícil?

Cuando se vieron, María e Isabel se llenaron de alegría. Estas dos mujeres, una virgen y una anciana, habían quedado embarazadas milagrosamente. Ante tal situación, nosotros podríamos sentir miedo, pero ellas estaban alegres y confiaban en que Dios obraba en su vida. Ellas nos enseñan a confiar en Dios en los momentos difíciles o cuando necesitamos respuestas y claridad en nuestra vida. El confiar en Dios no nos dará todas las respuestas que buscamos, pero esa confianza nos producirá alegría.

En oración, pide al Espíritu Santo que te llene de confianza.

Cantar de los Cantares 2:8–14 o
Sofonías 3:14–18a
Salmo 33:2–3,11–12,20–21
Lucas 1:39–45

Jueves
22 DE DICIEMBRE

> *"Ha hecho sentir el poder de su brazo:
> dispersó a los de corazón altanero,
> destronó a los potentados
> y exaltó a los humildes.
> A los hambrientos los colmó de bienes
> y a los ricos los despidió sin nada".*
> —LUCAS 1:51–53

¿Por qué el *Magníficat* es una oración tan popular entre los pobres de Nicaragua?

El arte cristiano occidental representa a María parada en una nube con sus manos en oración, tranquila y en paz. Pero en el *Magníficat* vemos a María como una mujer valiente que jugó un papel muy importante en la construcción del reino de Dios. El *Magníficat* es una alabanza que da esperanza a los pobres, ofreciendo la confianza en que Jesús traerá la libertad. La oración termina diciendo que las antiguas promesa ya fueron realizadas.

Imagina a María cantando el *Magníficat*. Ten fe en que Dios realizará en tu vida lo que ha prometido.

1 Samuel 1:24–28
1 Samuel 2:1,4–5,6–7,8abcd
Lucas 1:46–56

Viernes
23 DE DICIEMBRE

• SAN JUAN CANCIO, PRESBÍTERO •

Por aquellos días, le llegó a Isabel la hora de dar a luz y tuvo un hijo. Cuando sus vecinos y parientes se enteraron de que el Señor le había manifestado tan grande misericordia, se regocijaron con ella.
—LUCAS 1:57–58

Con el nacimiento de Juan el Bautista, el mundo recibió a uno de sus grandes profetas. Jesús es el último de ellos. Juan proclamaba que la profecía final había llegado con Jesús. Después de ellos, todos los que seguimos a Jesús nos convertimos en personas proféticas.

Proclama el Evangelio y actúa como profeta. Anima y da esperanza a la gente que se encuentra en la oscuridad. Sé solidario con los marginados y rechazados.

Malaquías 3:1–4,23–24
Salmo 25:4–5ab,8–9,10 y 14
Lucas 1:57–66

Sábado
24 DE DICIEMBRE

*"Por la entrañable misericordia de nuestro Dios,
nos visitará el sol que nace de lo alto,
para iluminar a los que viven en tinieblas y en sombras de muerte,
para guiar nuestros pasos por el camino de la paz".*
—LUCAS 1:78–79

¿Ya llegamos?

Hoy se nos ofrece el último momento de preparación para el santo día en el que el amor se hizo carne y venció a la oscuridad.

Te invito a que repases e imagines la última línea del cántico de Zacarías. Observa la misericordia de Dios, la luz del sol que ilumina a los que viven en tinieblas, y ve el camino de luz frente a ti. Concédete un momento de silencio y prepárate para recibir la Encarnación.

2 Samuel 7:1–5,8b–12,14a,16
Salmo 89:2–3,4–5,27 y 29
Lucas 1:67–79

Domingo
25 DE DICIEMBRE
• NATIVIDAD DEL SEÑOR—NAVIDAD •

María, por su parte, guardaba todas estas cosas y las meditaba en su corazón.
—LUCAS 2:19

Ponte en la presencia de Dios, oración preparatoria, lectura, contemplación, diálogo, oración final.

Adéntrate en las Escrituras y siéntate con María, quien tiene a su bebé recién nacido y se pregunta qué plan tiene Dios. Guarda silencio y observa su interacción con el niño Jesús.

Pregúntale a María: "¿Qué pasa por tu mente y tu corazón?".

Escucha a María, una nueva mamá que con el nacimiento de su hijo ha cambiado para siempre su capacidad de amar.

¿Cómo terminarías esta conversación? Repasa tus pensamientos y emociones. Padre nuestro. . . .

MISA VESPERTINA DE VIGILIA:
Isaías 62:1–5
Salmo 89:4–5,16–17,27,29(2a)
Hechos 13:16–17,22–25
Mateo 1:1–25 o 1:18–25

MISA DE MEDIANOCHE:
Isaías 9:1–6
Salmo 96:1–2,2–3,11–12,13
Tito 2:11–14
Lucas 2:1–14

MISA DE LA AURORA:
Isaías 62:11–12
Salmo 97:1,6,11–12
Tito 3:4–7
Lucas 2:15–20

MISA DEL DÍA:
Isaías 52:7–10
Salmo 98:1,2–3,3–4,5–6(3c)
Hebreos 1:1–6
Juan 1:1–18 o 1:1–5,9–14

Lunes
26 DE DICIEMBRE

• SAN ESTEBAN, PROTOMÁRTIR •

Mientras lo apedreaban, Esteban repetía esta oración: "Señor Jesús, recibe mi espíritu". Después se puso de rodillas y dijo con fuerte voz: "Señor, no les tomes en cuenta este pecado". Diciendo esto, se durmió en el Señor.
—HECHOS 7:59

¿Morirías a causa de tu fe?

El beato José Sánchez del Río fue martirizado durante la persecución mexicana contra la Iglesia católica.

Con tan solo catorce años de edad, había desarrollado un profundo amor hacia Cristo. Cuando se le dio la oportunidad de negar su fe y salvar su vida, el beato José permaneció fiel a la Iglesia católica. Antes de morir tras ser brutalmente torturado, pronunció palabras que dan testimonio de su tremenda fe: "¡Viva Cristo Rey! ¡Viva Santa María de Guadalupe!".

Nunca somos demasiado jóvenes como para dar testimonio de nuestra fe y buscar una vida significativa. ¡Dirijamos a la juventud hacia una fe auténtica!

Hechos 6:8–10;7:54–59
Salmo 31:3CD–4,6 y 8ab,16BC y 17
Mateo 10:17–22

Martes
27 DE DICIEMBRE

• SAN JUAN, APÓSTOL Y EVANGELISTA •

En eso llegó también Simón Pedro, que lo venía siguiendo, y entró en el sepulcro.
—JUAN 20:6

Ponte en la presencia de Dios, oración preparatoria, lectura, contemplación, diálogo, oración final.

El hallazgo de la tumba vacía debió causar mucha conmoción en María Magdalena y los demás testigos.

Observa la escena, el asombro y la sensación de urgencia por saber dónde estaba el cuerpo de Cristo Jesús. Siéntate con Pedro. Pregúntale: "¿Qué pensaste cuando María te dio la noticia? ¿Qué sentiste al ver la tumba vacía?". A su vez, Pedro te pregunta: "¿Has perdido a un ser querido? Cuéntame qué sentiste. Creyendo en la Resurrección de Cristo Jesús, ¿cómo te sientes ante esa pérdida?".

¿Cómo terminarías esta conversación? Repasa tus pensamientos y emociones. Padre nuestro. . . .

1 Juan 1:1–4
Salmo 97:1–2,5–6,11–12
Juan 20:1a,2–8

Miércoles
28 DE DICIEMBRE
• LOS SANTOS INOCENTES, MÁRTIRES •

Cuando Herodes se dio cuenta de que los magos lo habían engañado, se puso furioso y mandó matar, en Belén y sus alrededores, a todos los niños menores de dos años, conforme a la fecha que los magos le habían indicado.
—MATEO 2:16

¿Alguna vez se supera el dolor de perder a un hijo?

Los padres nunca deberían enterrar a sus hijos. Todo niño debería tener la oportunidad de vivir una vida plena y gozar de muchas vivencias que le muestren la presencia, el amor y la misericordia de Dios. Aun así, muchos niños inocentes mueren diariamente a causa de accidentes, violencia o maltrato físico.

Tiende la mano a alguien que ha perdido a un hijo. Pregúntale cómo está y hazle saber que lo acompañas en su dolor. Hoy reza especialmente por las personas que han perdido a un hijo.

1 Juan 1:5—2:2
Salmo 124:2–3,4–5,7b–8
Mateo 2:13–18

Jueves
29 DE DICIEMBRE
• SANTO TOMÁS BECKET, OBISPO Y MÁRTIR •

Todo primogénito varón será consagrado al Señor, y también para ofrecer, como dice la ley, un par de tórtolas o dos pichones.
—LUCAS 2:23–24

¿Cuándo fue la última vez que te preocupaste por el dinero?

Jesús nació en un hogar pobre. ¿Lo puedes imaginar? Lo divino se hizo humano en forma de un pobre y dependiente bebé. Años después fue presentado en el Templo con las dos palomas, ofrenda oficial de los pobres. Jesús se identifica con las penurias diarias de los pobres.

¿Te sientes agobiado por la falta de dinero? ¿Te preocupa no poder dar sustento a tu familia? No es fácil tener que batallar por hacer el pago de la luz o del agua, juntar el cambio para poner gasolina o esperar el día de pago para reconectar el teléfono. Comparte tus preocupaciones con Jesús. Él te entenderá.

1 Juan 2:3–11
Salmo 96:1–2a,2b–3,5b–6
Lucas 2:22–35

Viernes
30 DE DICIEMBRE
• LA SAGRADA FAMILIA DE JESÚS, MARÍA Y JOSÉ •

Y todo lo que digan y todo lo que hagan, háganlo en el nombre del Señor Jesús, dándole gracias a Dios Padre, por medio de Cristo.
—COLOSENSES 3:17

¿Se necesita un día especial para celebrar a la familia?

Para los hispanos, la familia es el corazón de su identidad. Nuestras familias nos ayudan a crecer y nos retan; nos aman y aguantan nuestras faltas. Son la compañía con la que Dios nos ha bendecido en nuestro caminar. No la menospreciemos.

Celebra la fiesta de la Sagrada Familia en familia. Si tu familia está lejos, reúnete con amigos. Prepara una cena especial y demuéstrales por qué son especiales en tu vida. Comparte los recuerdos gratos y termina con una oración de agradecimiento por la familia.

Eclesiástico 3:2–6,12–14 o Colosenses
3:12–21 o 3:12–17
Salmo 128:1–2,3,4–5
Mateo 2:13–15,19–23

Sábado
31 DE DICIEMBRE

• SAN SILVESTRE I, PAPA •

*Él era la vida y la vida era la luz de los hombres.
La luz brilla en las tinieblas
y las tinieblas no la recibieron.*
—JUAN 1:3–5

¿Cómo es posible que se haya acabado el año?

El fin del año nos invita a reflexionar sobre las muchas experiencias de los pasados doce meses. Leamos este pasaje enfocándonos en la encarnación y en el año que acaba de pasar. ¿Qué cambios grandes enfrentamos? ¿Hubo algún nacimiento o muerte, una boda o un bautizo?¿Tuvimos momentos de felicidad o de dolor? ¿Hubo momentos específicos en los que Dios estuvo obrando en nuestra vida? ¿Crecimos en nuestra relación con Dios? ¿Aprendimos más de nuestra fe, leímos la Biblia?

Evoca un hecho de cada mes. Mira hacia el 2017 pidiéndole a Dios que te acompañe en esta jornada.

1 Juan 2:18–21
Salmo 96:1–2,11–12,13
Juan 1:1–18

Domingo
1 DE ENERO
• MARÍA SANTÍSIMA, MADRE DE DIOS •

En aquel tiempo, los pastores fueron a toda prisa hacia Belén y encontraron a María, a José y al niño, recostado en el pesebre.
—LUCAS 2:16

¿Cómo crees que reaccionaron los animales cuando fueron a comer y hallaron a un bebé en el pesebre?

El pesebre es un símbolo significativo. Desde el momento de su nacimiento, Jesús es puesto en un sitio donde se coloca la comida. El pesebre es el lugar donde los animales van por su sustento para encontrar fuerzas y desarrollarse. Hoy el pesebre se ha transformado en un altar y recibimos a Jesús como alimento cuando acudimos a la Eucaristía. La Eucaristía es una relación íntima, que nos permite estar cerca de Dios y a él, cerca de nosotros.

Reflexiona sobre lo que significa la Eucaristía para ti. Luego, comparte la reflexión con alguien y, si es posible, vayan juntos a misa para ser alimentados.

Números 6:22–27
Salmo 67:2–3,5,6,8(2a)
Gálatas 4:47
Lucas 2:16–21

Lunes
2 DE ENERO

• SAN BASILIO MAGNO Y SAN GREGORIO NACIANCENO, OBISPOS Y DOCTORES DE LA IGLESIA •

"Enderecen el camino del Señor".
—JUAN 1:23

Pasó la Navidad. . . ¿hay algo diferente?

Al comenzar el año nuevo debes preguntarte si el mundo ha cambiado o es diferente como resultado de la Navidad. ¿Tuvo la Navidad un efecto en ti? ¿Cambiaste o te transformaste?

Juan el Bautista nos recuerda que todavía es Navidad y que aún tenemos trabajo por hacer: preparar el camino del Señor. La Encarnación y la Navidad deberían afectar la manera como vivimos; deberían retarnos a transformar nuestro mundo durante todo el año.

Celebra la Encarnación siendo misericordioso con los demás, abriendo los brazos hacia los rechazados y abrazando a los marginados. No hagas lo que hacen los demás. Permite que tu vida sea diferente y así los demás verán que estás preparando el camino del Señor, aun después de la Navidad.

1 Juan 2:22–28
Salmo 98:1,2–3ab,3CD–4
Juan 1:19–28

Martes
3 DE ENERO
• EL SANTO NOMBRE DE JESÚS •

En aquel tiempo, vio Juan el Bautista a Jesús, que venía hacia él, y exclamó:
"Este es el Cordero de Dios, el que quita el pecado del mundo".
—JUAN 1:29

Por siglos, la gente había estado esperando la llegada del Mesías, y finalmente llegó.

Si hubieras estado allí, en medio del misterio de Dios, si hubieras sido la primera persona que vio y reconoció a Jesús, ¿cómo lo hubieras descrito a los demás? Lo cierto es que tienes la oportunidad de ver a Jesús todos los días; tan solo tienes que buscarlo.

Hoy, ve a Jesús en las personas a las que has de perdonar, en tu familia y en la Eucaristía.

1 Juan 2:29–3:6
Salmo 98:1,3cd–4,5–6
Juan 1:29–34

Miércoles

4 DE ENERO

• SANTA ISABEL ANA SETON, RELIGIOSA •

Andrés, hermano de Simón Pedro, era uno de los dos que oyeron lo que Juan el Bautista decía y siguieron a Jesús.
—JUAN 1:40

¿Cuántas personas conoces que se llamen María, Jesús o José?

Muchos hispanos bautizamos a nuestros hijos con el nombre de un santo. Hay numerosas razones para nombrar a los hijos como los santos, o con palabras sagradas como Ignacio, Esperanza, Gloria o, Belén. Nuestros nombres honran nuestra hispanidad y nuestro legado católico. Son nuestra identidad y bendición de por vida. Es un diario recordatorio de que tenemos una misión en este mundo. Nuestros nombres constantemente nos recuerdan que Jesús, María, José, Gloria, Belén y Esperanza viven entre nosotros.

Encuentra significado en tu nombre e invita a otros a hacer lo mismo. ¡Celebra y vive tu nombre!

1 Juan 3:7–10
Salmo 98:1,7–8,9
Juan 1:35–42

Jueves
5 DE ENERO
• SAN JUAN NEUMANN, OBISPO •

Si alguno, teniendo con qué vivir, ve a su hermano pasar necesidad y, sin embargo, no lo ayuda, ¿cómo habitará el amor de Dios en él?
—1 JUAN 3:17–18

¿Recuerdas haber estado tan enamorado, que te sentías realmente vivo? Todo te parecía hermoso; el aire que inhalabas te parecía más fresco y hasta la comida te sabía mejor. Tus sentimientos eran indescriptibles y nada ni nadie te podía quitar esa sensación de plenitud.

Cuando te enfocas en cosas mundanas, te sientes vacío y perdido. Pero si enfocas tu vida en el amor de Dios y lo compartes con los pobres, los abandonados y los que sufren, sentirás una felicidad infinita. Abre tu corazón y deja que Dios te ame. ¡El amor de Dios hará que te sientas realmente vivo!

1 Juan 3:11–21
Salmo 100:1b–2,3,4,5
Juan 1:43–51

Viernes

6 DE ENERO

• SAN ANDRÉS BESSETTE, RELIGIOSO •

En aquel tiempo, Juan predicaba diciendo: "Ya viene detrás de mí uno que es más poderoso que yo, uno ante quien no merezco ni siquiera inclinarme para desatarle la correa de sus sandalias".
—MARCOS 1:7

¿Estás dispuesto a proteger al niño Jesús de Herodes?

Por cientos de años los hispanos hemos sido muy creativos en idear rituales y tradiciones catequéticas. La rosca de reyes es una significativa tradición mexicana durante la festividad de los Reyes Magos. La figura del Niño Jesús se esconde en el pan y el cuchillo de Herodes intenta encontrarlo para matarlo. Si encuentras al bebé en tu trozo de pan, te toca cuidar y proteger al niño hasta su presentación en el Templo el 2 de febrero. Por lo tanto, te corresponde ser el anfitrión en el día de la Candelaria.

Continuemos la tradición y veamos quién es el escogido.

1 Juan 5:5–13
Salmo 147:12–13,14–15,19–20
Marcos 1:7–11 o Lucas 3:23–38 o
3:23,31–34,36,38

Sábado
7 DE ENERO
• SAN RAIMUNDO DE PEÑAFORT, PRESBÍTERO •

Pero ella dijo a los que servían: "Hagan lo que él les diga".
—Juan 2:5

Ponte en la presencia de Dios, oración preparatoria, lectura, contemplación, diálogo, oración final.

María vio que no había vino. Entonces llama a Jesús para que atendiera las necesidades de los demás e iniciara su ministerio público.

Adéntrate en el relato de las Escrituras y observa a los sirvientes. María les pide: "Hagan lo que él les diga".

Te invito a que te sientes con uno de ellos. Pregúntale: "¿Cuál es tu versión de este pasaje? ¿Qué pensaste cuando María pronunció estas palabras y luego viste el vino?".

El sirviente a su vez te pregunta: "¿Puedes escuchar a María decir: 'Hagan lo que él les diga'? ¿Qué pensamientos vienen a tu mente y corazón?".

¿Cómo terminarías esta conversación? Repasa tus pensamientos y emociones. Padre nuestro. . . .

1 Juan 5:14–21
Salmo 149:1–2,3–4,5 y 6a y 9b
Juan 2:1–11

Domingo
8 DE ENERO

• LA EPIFANÍA DEL SEÑOR •

Advertidos durante el sueño de que no volvieran a Herodes, regresaron a su tierra por otro camino.
—MATEO 2:11–12

¿Qué haces cuando vas manejando y de repente te das cuenta de que tomaste el camino equivocado? Es simple: cambias de dirección para buscar el camino correcto.

¿Por qué entonces, cuando estamos buscando verdad y significado en nuestra vida, nos resistimos a cambiar de camino? ¿Por qué a veces ni siquiera reconocemos la ruta correcta? La luz de Cristo puede iluminar nuestro camino y ayudarnos a cambiar de rumbo si estamos abiertos a ver la verdad que él nos muestra.

En oración, pide sabiduría y claridad para ver el camino que te lleva a la verdad.

Isaías 60:1–6
Salmo 72:1–2,7–8,10–11,12–13
Efesios 3:2–3a,5–6
Mateo 2:1–12

Lunes
9 DE ENERO
• BAUTISMO DEL SEÑOR •

Al salir Jesús del agua, una vez bautizado, se le abrieron los cielos y vio al Espíritu de Dios, que descendía sobre él en forma de paloma.
—MATEO 3:16

¿Realmente sucede algo en el Bautismo?

Nuestra vocación empieza con el Bautismo, cuando recibimos una nueva identidad como discípulos de Cristo. Es un momento especial en el que Dios nos consagra para compartir la misión y la vida de Jesucristo. Morimos en las aguas del Bautismo y resucitamos a una nueva vida en Cristo Jesús. El Bautismo nos da una nueva dimensión e identidad como discípulos de Cristo. Jesús nos invita a que vivamos la consagración: como sacerdote, para alabar a Dios; como profeta, para atestiguar y proclamar su Evangelio; y como rey, para hacer llegar el reino de Dios sirviendo con compasión y justicia.

¡Vive tu Bautismo! Sé hoy sacerdote, profeta y rey.

Isaías 42:1–4,6–7 o Hechos 10:34–38
Salmo 29:1–2,3–4,3,9–10(11b)
Mateo 3:13–17

Martes
10 DE ENERO

Jesús le ordenó: "¡Cállate y sal de él!". El espíritu inmundo, sacudiendo al hombre con violencia y dando un alarido, salió de él.
—MARCOS 1:25–26

Muchas familias luchan con adicciones que los afectan profundamente. Nos rompe el corazón ver cómo las familias se desintegran cuando una adicción se apodera de uno de sus miembros. Todos conocemos a alguien que batalla contra una adicción al alcohol, a la comida, a las compras, al sexo o a las drogas. Estas personas experimentan un vacío que las lleva a buscar placeres artificiales. Solamente Jesús puede darle sentido a la vida de estas personas. Él puede sanar a cualquiera.

Debemos ser conscientes de que algunos quieren ayuda y otros no. Con eso en mente, oremos por quienes sufren de adicciones. Y si sentimos que Dios nos mueve el corazón, vayamos a esas personas y oremos junto a ellas, invitándolas a acudir a misa, a un retiro o a buscar consejo.

Hebreos 2:5–12
Salmo 8:2ab y 5,6–7,8–9
Marcos 1:21–28 o Hebreos 1:1–6 y 2:5–12
Marcos 1:14–20 y 1:21–28

Miércoles
11 DE ENERO

De madrugada, cuando todavía estaba muy oscuro, Jesús se levantó, salió y se fue a un lugar solitario, donde se puso a orar.
—MARCOS 1:35

¿Alguna vez te has dicho a ti mismo que dejarás la oración para después porque estás demasiado ocupado?

Jesús siempre encontraba el tiempo para rezar y estar en contacto con el Padre.

Muchas veces sentimos que todo requiere de nuestra atención. El trabajo, la familia y el ministerio nos mantienen tan ocupados que hacemos a un lado nuestro tiempo de oración. Cuando no dedicamos un momento del día a orar, perdemos nuestro enfoque y nos sentimos en tensión y cansados. Jesús nos invita a reservar tiempo para rezar y a conectarnos con el Padre para que experimentemos el amor, la gracia y la misericordia de Dios en nuestra vida y ministerio.

Siente cómo este tiempo en oración te une más a Jesús.

Hebreos 2:14–18
Salmo 105:1–2,3–4,6–7,8–9
Marcos 1:29–39

Jueves
12 DE ENERO

Pero aquel hombre comenzó a divulgar tanto el hecho, que Jesús no podía ya entrar abiertamente en la ciudad.
—MARCOS 1:45

Ponte en la presencia de Dios, oración preparatoria, lectura, contemplación, diálogo, oración final.

El hombre del Evangelio experimentó el poder sanador de Jesús en su vida. Y en vez de guardar silencio, compartió su historia para que otros pudieran conocer a Jesucristo.

Adéntrate en ese pasaje y observa a ese hombre compartir su experiencia y la manera en que describe el poder de Dios en su vida. Siéntate con él. Pregúntale: "Si te dijeron que no dijeras nada, ¿por qué comenzaste a divulgarlo? ¿A cuántas personas les has contado?". Él te dice: "Háblame del poder o la presencia de Dios en tu vida. ¿Hay algún momento que te gustaría compartir?".

¿Cómo terminarías esta conversación? Repasa tus pensamientos y emociones. Padre nuestro. . . .

Hebreos 3:7–14
Salmo 95:6–7c,8–9,10–11
Marcos 1:40–45

Viernes

13 DE ENERO

• SAN HILARIO, OBISPO Y DOCTOR DE LA IGLESIA •

El hombre se levantó inmediatamente, recogió su camilla y salió de allí a la vista de todos, que se quedaron atónitos y daban gloria a Dios, diciendo: "¡Nunca habíamos visto cosa igual!".
—MARCOS 2:12

Todos hemos sido lastimados por alguien y esas heridas a veces nos aprisionan o nos paralizan. Quizás sea algo reciente o algo del pasado, pero cuando nos agarramos de esas heridas y no somos capaces de perdonar, sufrimos. El deseo de venganza o el coraje pueden paralizarnos.

Perdonemos por nuestro propio bien, porque así seremos libres. No es decir que está bien, sino impedir que las heridas nos paralicen. Seamos misericordiosos, como Dios lo es.

Perdona a quien te provocó heridas; puedes hacerlo en persona o de manera simbólica en un papel que luego puedes tirar. Permite que el poder sanador de la misericordia te libere para tener una vida plena.

Hebreos 4:1–5,11
Salmo 78:3 y 4BC,6c–7,8
Marcos 2:1–12

Sábado
14 DE ENERO

Entonces unos escribas de la secta de los fariseos, viéndolo comer con los pecadores y publicanos, preguntaron a sus discípulos: "¿Por qué su maestro come y bebe en compañía de publicanos y pecadores?".
—MARCOS 2:16

¿Realmente Jesús se juntaba con ellos?

Cierto día en que salía de la universidad vi a un maestro fumando con algunos estudiantes. Él se acercó y me dijo: "Jesús siempre se acompañaba de marginados y rechazados. Si él estuviera hoy aquí, estaría con nosotros, los fumadores". Ese día me asaltaron muchos pensamientos al imaginar a Jesús en este mundo. ¿Que verían sus ojos? ¿Se sentiría atraído por el confort de la vida moderna o buscaría a los marginados, indeseables, heridos o rechazados, y se haría su amigo?

En oración, pide tener los ojos de Jesús. Sal de tu zona de confort y haz hoy un nuevo amigo.

Hebreos 4:12–16
Salmo 19:8,9,10,15
Marcos 2:13–17

Domingo
15 DE ENERO
• II DOMINGO DEL TIEMPO ORDINARIO •

En aquel tiempo, vio Juan el Bautista a Jesús, que venía hacia él, y exclamó: "Este es el Cordero de Dios, el que quita el pecado del mundo".
—JUAN 1:29

¿Está el reflector en ti o en Jesucristo?

El papa Francisco ha viajado mucho durante su pontificado. Donde quiera que va es recibido como una estrella de rock. La gente se amontona y espera horas para verlo. Cuando finalmente hace su aparición, la energía y la emoción estallan. Pero a pesar de su fama, el papa Francisco es un hombre sencillo que siempre dirige sus acciones y palabras a Jesús, como Juan el Bautista. En un poético mensaje, el Santo Padre dijo que todos deberíamos guiar a los demás hacia Cristo, "para que la cercanía del Pastor los haga añorar una vez más el abrazo del Padre".

Sigue las huellas de Juan el Bautista y del Papa. ¡Anuncia a Cristo y prepara el camino del Señor!

Isaías 49:3,5–6
Salmo 40:2,4,7–8,8–9,10(8a,9a)
1 Corintios 1:1–3
Juan 1:29–34

Lunes
16 DE ENERO

"¿Por qué los discípulos de Juan y los discípulos de los fariseos ayunan, y los tuyos no?".
—MARCOS 2:18

En tu manera de vivir y actuar, ¿reflejas a quien sigues? ¿Tu trato hacia los demás te identifica como discípulo de Cristo?

Los discípulos solían ser cuestionados por no seguir las prácticas comunes de sus tiempos y por hacer cosas que los apartaban de sus tradiciones. Como cristianos, debemos seguir el mensaje del Evangelio y esforzarnos por enfocarnos en la comunidad, respetando la dignidad de cada ser humano y siendo inclusivos, compasivos y buenos administradores. Estas creencias contradicen la cultura en la que vivimos que realza el individualismo, la exclusividad, la indiferencia, el consumismo y la selectividad.

En oración, pide tener el valor y la fuerza que te permitan vivir el mensaje del Evangelio. Solo así serás identificado como discípulo de Jesucristo.

Hebreos 5:1–10
Salmo 110:1,2,3,4
Marcos 2:18–22

Martes

17 DE ENERO

• SAN ANTONIO ABAD, MÁRTIR •

Un sábado Jesús iba caminando entre los sembrados y sus discípulos comenzaron a arrancar espigas al pasar. Entonces los fariseos le preguntaron: "¿Por qué hacen tus discípulos algo que no está permitido hacer en sábado?".
—MARCOS 2:23–24

¿Qué es más importante, los mandamientos o la ley del hombre?

Los discípulos nos muestran que aunque eran judíos y respetaban sus leyes, primero estaba la ley de Jesucristo. Nosotros somos llamados a hacer lo mismo y a seguir los mandamientos más importantes: primero amar a Dios y luego a los demás. Jesús no vino a instigarnos a desobedecer o despreciar las reglas, sino a cambiar nuestra mentalidad respecto de la ley. Vino a mostrarnos que, ante todo, debemos amar a Dios y al prójimo.

Debemos ser buenos ciudadanos, pero también procurar que nuestras acciones se rijan por la ley de Jesús.

Hebreos 6:10–20
Salmo 111:1–2,4–5,9 y 10c
Marcos 2:23–28

Miércoles
18 DE ENERO

Después les preguntó: "¿Qué es lo que está permitido hacer en sábado, el bien o el mal? ¿Se le puede salvar la vida a un hombre en sábado o hay que dejarlo morir?".
—MARCOS 3:4

¿Cómo respondes a las necesidades de los demás? ¿Las ignoras o permaneces sin preocuparte?

Cada día encontramos a nuestro paso gente necesitada. Algunos son desconocidos y otros amigos o familiares. Sus carencias varían, desde la falta de comida y de dinero, hasta la necesidad de un oído compasivo, un abrazo amoroso o un consejo que les dé fuerza y esperanza.

Imagina que estás junto a Jesús repasando el día que acaba de concluir. Enfócate en los momentos en los que te cruzaste con gente necesitada. Comparte con Jesús tu respuesta. Pídele que llene tu corazón de compasión y misericordia para que reconozcas y respondas adecuadamente a las necesidades ajenas.

Hebreos 7:1–3,15–17
Salmo 110:1,2,3,4
Marcos 3:1–6

Jueves
19 DE ENERO

Entonces rogó Jesús a sus discípulos que le consiguieran una barca para subir en ella, porque era tanta la multitud, que estaba a punto de aplastarlo.
—MARCOS 3:9–10

Ponte en la presencia de Dios, oración preparatoria, lectura, contemplación, diálogo, oración final.

Se había revelado el poder sanador de Jesús y la gente llegaba de todas partes para tener la oportunidad de estar cerca de él, tocarlo y ser sanada.

Adéntrate en el pasaje de las Escrituras y observa a la gente que viene de diferentes lugares buscando algún tipo de sanación. Jesús te ve, se acerca a ti y te pregunta: "¿Qué curación necesitas?". Habla y comparte con él tu pensar y tu sentir.

¿Cómo te responde Jesús?

¿Cómo terminarías esta conversación? Repasa tus pensamientos y emociones. Padre nuestro. . . .

Hebreos 7:25—8:6
Salmo 40:7–8a,8b–9,10,17
Marcos 3:7–12

Viernes
20 DE ENERO

• SAN FABIÁN, PAPA Y MÁRTIR • SAN SEBASTIÁN, MÁRTIR •

Constituyó a doce para que se quedaran con él, para mandarlos a predicar y para que tuvieran el poder de expulsar a los demonios.
—MARCOS 3:14–15

¿Te llama Cristo a estar con él y a proclamar su mensaje?

Jesús llamó y comisionó a los doce discípulos de la misma manera como nos llama a nosotros hoy día. Primero nos invita a quedarnos con él y, después, nos comisiona. Al quedarnos con él, nos dedicamos a la oración para así conocerlo e imitarlo en todo lo que hacemos. Ser enviados por él significa unirnos a su misión de proclamar el Evangelio y confrontar la maldad del mundo.

San Ignacio denomina estos dos simples pasos como "contemplación en acción": primero, somos llamados a estar con Cristo y, luego, somos enviados a proclamar su mensaje.

Enfoca tu día en la contemplación en acción.

Hebreos 8:6–13
Salmo 85:8 y 10,11–12,13–14
Marcos 3:13–19

Sábado
21 DE ENERO
• SANTA INÉS, VIRGEN Y MÁRTIR •

*Al enterarse sus parientes, fueron a buscarlo,
pues decían que se había vuelto loco.*
—MARCOS 3:21

¿Piensas que Jesús estaba loco?

El mensaje de Jesús puede parecer un tanto loco y radical: "ama a tu enemigo", "los últimos serán los primeros", "vende todo lo que tienes y dalo a los pobres", "debes ser el servidor de todos". Esta manera de vivir puede parecer extraña porque es contraria a la cultura del mundo actual.

Sigamos los pasos de Jesús y tratemos de vivir su mensaje. Es probable que algunos nos califiquen de locos, pero no importa. No permitamos que el egoísmo o el negativismo afecten nuestra conducta.

Te invito a que no te avergüences de extender el mensaje de Cristo Jesús o de mostrar el Evangelio en tus acciones.

Hebreos 9:2–3,11–14
Salmo 47:2–3,6–7,8–9
Marcos 3:20–21

Domingo

22 DE ENERO

• III DOMINGO DEL TIEMPO ORDINARIO •

Una vez, mientras Jesús caminaba por la ribera del mar de Galilea, vio a dos hermanos, Simón, llamado después Pedro, y Andrés, los cuales estaban echando las redes al mar, porque eran pescadores.
—MATEO 4:18

Jesús nos escoge por nuestros talentos, ¿no es sorprendente?

Nos habla en nuestro propio lenguaje y nos encuentra en nuestro lugar de trabajo. Conoce nuestros dones y talentos, y nos pide que los usemos en el ministerio y en la misión de la Iglesia. Como los doce apóstoles, todos tenemos diferentes orígenes, experiencias y ocupaciones. Por eso todos somos importantes: maestros, obreros, costureros, jardineros. Las habilidades y los talentos nos fueron dados para usarlos sirviendo a los demás.

Ofrece tus talentos a tus vecinos o a tu iglesia. La pregunta es sencilla: ¿cómo puedes ayudar?

Isaías 8:23–9:3
Salmo 27:1,4,13–14(1a)
1 Corintios 1:10–13,17
Mateo 4:12–23 o 4:12–17

Lunes
23 DE ENERO

• DÍA DE ORACIÓN POR LA PROTECCIÓN LEGAL DE LOS NO NACIDOS •

En aquel tiempo, los escribas que habían venido de Jerusalén decían acerca de Jesús: "Este hombre está poseído por Satanás, príncipe de los demonios, y por eso los echa fuera".
—MARCOS 3:22

¿De dónde viene tu poder?

El poder del mal en las manos y el corazón de los hombres aún existe en nuestro mundo. Sin embargo, no es el mal el que dirige las fuerzas del racismo, el sexismo y el clasismo. Son las mentes y los corazones de los seres humanos, que, como los escribas, rehúsan escuchar el mensaje de Cristo Jesús.

Cuando trabajamos por construir el reino de Dios, dejamos que el Espíritu Santo nos guíe y nos dé fuerza. De esa manera vemos que no hay lugar en nuestra vida para el racismo, el sexismo o el clasismo.

Hoy permite que el Espíritu Santo trabaje en ti para que se manifieste el poder liberador de Jesús.

Hebreos 9:15,24–28
Salmo 98:1,2–3ab,3CD–4,5–6
Marcos 3:22–30

Martes
24 DE ENERO

• SAN FRANCISCO DE SALES, OBISPO Y DOCTOR DE LA IGLESIA •

Esperé en el Señor con gran confianza,
él se inclinó hacia mí y escuchó mis plegarias.
Él me puso en la boca un canto nuevo,
un himno a nuestro Dios.
—SALMO 39:2 Y 4

¿Dices que estás muy ocupado para orar?

Como discípulos de Jesucristo debemos ser personas de oración. La oración es la comunicación con Dios que influencia y guía la manera en que vivimos. Si no oramos, no permitimos que Dios nos ame o se comunique con nosotros. La oración es el agua de nuestra vida espiritual; sin ella, morimos. San Francisco de Sales lo expresa muy bien diciendo: "Media hora de meditación es esencial, excepto cuando estás muy ocupado. Entonces una hora completa es necesaria".

Nuestra vida y nuestro ministerio necesitan cimentarse en la oración. ¡Oremos!

Hebreos 10:1–10
Salmo 40:2 y 4ab,7–8a,10,11
Marcos 3:31–35

Miércoles
25 DE ENERO
• CONVERSIÓN DE SAN PABLO, APÓSTOL •

"¿No es este hombre el que andaba persiguiendo en Jerusalén a los que invocan el nombre de Jesús y que ha venido aquí para llevarlos presos y entregarlos a los sumos sacerdotes?".
—HECHOS 9:21

¿Cuánto tiempo dura la conversión?

La conversión es un proceso que nos toma toda la vida. No hay un momento preciso en el que somos "salvados", sino muchos momentos en los que recibimos la gracia de Dios. *Conversión* es más que dejar lo negativo por lo positivo. Es el amor de Dios y la invitación a una relación profunda, donde nuestro corazón es atraído hacia él. En otras palabras, regresamos plenos y enamorados de Dios en respuesta de su amor. Como resultado, nuestra vida nunca vuelve a ser igual.

Reflexiona sobre un momento significativo de conversión en tu vida y sobre la gente que te acompañó. Da gracias por su compañía. En oración, pídele a Dios que te invite a seguir convirtiéndote.

Hechos 22:3–16 o 9:1–22
Salmo 117:1BC,2
Marcos 16:15–18

Jueves
26 DE ENERO
• SAN TIMOTEO Y SAN TITO, OBISPOS •

En aquel tiempo, Jesús dijo a la multitud: "¿Acaso se enciende una vela para meterla debajo de una olla debajo de la cama? ¿No es para ponerla en el candelero?".
—MARCOS 4:21

¿A quién se le ocurre encender una vela y meterla debajo de la cama o de una olla? O provocas un incendio, o sofocas la llama.

No escondas tu luz. ¡Permite que tu luz brille! Dios te ha hecho de una manera única y especial, con mucho para compartir. No te empequeñezcas para que otros se sientan grandes. Deja ver cuán maravilloso es Dios a través de ti. Marianne Williamson dijo: "Cuando dejas tu luz brillar, le das permiso a los demás a que hagan lo mismo". Tu luz es importante en nuestra Iglesia. ¡Déjala brillar!

Reflexiona sobre lo que hace brillar la luz de Dios en ti. Da gracias y compártela con los demás.

2 Timoteo 1:1–8 o Tito 1:1–5
Salmo 96:1–2a,2b–3,7–8a,10
Marcos 4:21–25

Viernes
27 DE ENERO

• SANTA ÁNGELA MÉRECI, VIRGEN •

"El Reino de Dios se parece a lo que sucede cuando un hombre siembra la semilla en la tierra: que pasan las noches y los días, y sin que él sepa cómo, la semilla germina y crece".
—MARCOS 4:26–27

¿Escuchas una voz interior que te dice que trabajas demasiado?

Vivimos en una cultura estresada, cansada y sobrecargada de trabajo. Nos enfocamos más en producir que en llevar una vida significativa.

Algunos piensan que el trabajo duro los hará triunfar. Pero el éxito verdadero viene cuando integramos oración, trabajo, familia, justicia y comunidad en completa dependencia de Dios. Es Dios quien diseña los planes y produce frutos significativos en nuestra vida.

Dedica tiempo a recibir la gracia del Señor. Él te invita a tener un equilibrio entre trabajo, oración y descanso.

Hebreos 10:32–39
Salmo 37:3–4,5–6,23–24,39–40
Marcos 4:26–34

Sábado
28 DE ENERO

• SANTO TOMÁS DE AQUINO, PRESBÍTERO Y DOCTOR DE LA IGLESIA •

Jesús les dijo: "¿Por qué tenían tanto miedo? ¿Aún no tienen fe?" Todos se quedaron espantados y se decían unos a otros: "¿Quién es éste, a quien hasta el viento y el mar obedecen?"
—MARCOS 4:40–41

Ponte en la presencia de Dios, oración preparatoria, lectura, contemplación, diálogo, oración final.

Los discípulos olvidaron que Dios es todopoderoso, más grande que el viento y el mar.

Adéntrate en este pasaje y observa la reacción de los discípulos. Nota que durante la tormenta hay miedo, falta de fe e incertidumbre en el poder de Jesús. Siéntate con Jesús. Él te pregunta: "¿Qué situaciones de tu vida te causan miedo y te hacen dudar de la habilidad de Dios para calmar cualquier tormenta? ¿Querrías compartirlo conmigo?". Contéstale: "¿Me ayudarás a desarrollar una fe fuerte? Recuérdame que siempre estarás conmigo".

¿Cómo terminarías esta conversación? Repasa tus pensamientos y emociones. Padre nuestro. . . .

Hebreos 11:1–2,8–19
Lucas 1:69–70,71–72,73–75
Marcos 4:35–41

Domingo
29 DE ENERO
• IV DOMINGO DEL TIEMPO ORDINARIO •

*"Dichosos los que lloran,
porque serán consolados".*
—MATEO 5:4

¿Qué significa la palabra dichosos?

Cuando estaba en la preparatoria, mi madre me solía decir: "Sé feliz". Cuando algo me disgustaba, ella me insistía: "Sé feliz, aun cuando no seas muy feliz". Ahora entiendo que ella estaba tratando de enseñarme acerca de las Bienaventuranzas.

A pesar de los tropiezos de la vida, Dios está presente y actuando para que seamos felices. Ante cualquier reto o situación difícil, simplemente debemos ser felices, porque la felicidad anticipa la esperanza de Jesús y nos muestra con confianza que el plan de Dios se va a cumplir. Al final viviremos en esa eterna felicidad con Dios.

La palabra griega de *makarios* (bienaventurados), significa "ser feliz". Te invito a volver a leer las Bienaventuranzas, reemplazando la palabra bienaventurados por la palabra felices.

Sofonías 2:3;3:12–13
Salmo 146:6–7,8–9,9–10
1 Corintios 1:26–31
Mateo 5:1–12a

Lunes
30 DE ENERO

Se pasaba días y noches en los sepulcros o en el monte, gritando y golpeándose con piedras.
—MARCOS 5:5

¿Te describen como persona inclusiva?

En el funeral de mi madre, mi sobrina Katrina compartió la filosofía de fe que aprendió de ella. La imagen que usó para describir dicha filosofía fue *Un lugar en la mesa*. Sin importar quién fuera o de dónde viniera, mi madre siempre tenía un lugar en la mesa para el recién llegado. La consistencia de sus acciones nos enseñó a ser inclusivos con todas las personas. La exclusividad no nos permite ser testigos del mensaje y amor de Jesucristo. Tampoco le permite a Dios trabajar en nosotros o sanar las heridas de aquellos que han sido excluidos.

Sal de ti mismo y haz sentir a alguien incluido. Puede ser un simple "hola", una sonrisa o una invitación a cenar.

Hebreos 11:32–40
Salmo 31:20,21,22,23,24
Marcos 5:1–20

Martes

31 DE ENERO

• SAN JUAN BOSCO, PRESBÍTERO •

Oyó hablar de Jesús, vino y se le acercó por detrás entre la gente y le tocó el manto, pensando que, con solo tocarle el vestido, se curaría.
—MARCOS 5:28

¿Por qué los hispanos siempre queremos tocar todo: una cruz, los santos, la virgen de Guadalupe?

La mujer del Evangelio, marginada y afligida por su impureza, sintió que su cuerpo fue sanado. Ella tocó a Jesús y se dio cuenta de que había sido tocada por el poder sanador de Cristo.

A nosotros los hispanos nos encanta tocar los objetos sagrados. Tocamos las estatuas de los santos, el agua bendita, la frente de nuestros hijos al bendecirlos. Nos sentimos en comunión con lo sagrado. Cuando tocamos los objetos en fe, abrimos la puerta para que Dios nos toque.

¿Cómo tocarías hoy el manto de Jesús? Advierte su presencia sanadora.

Hebreos 12:1–4
Salmo 22:26b–27,28 y 30,31–32
Marcos 5:21–43

Miércoles
1 DE FEBRERO

Pero Jesús les dijo: "Todos honran a un profeta, menos los de su tierra, sus parientes y los de su casa".
—MARCOS 6:4

¿Quiénes son los rechazados en nuestro mundo?

El abrazo que el papa Francisco dio a Vinicio Riva, un hombre con el rostro desfigurado por un trastorno genético, fue visto en todo el mundo. El Santo Padre no pronunció ni una palabra; se limitó a acercarse y abrazar a un hombre que solo había conocido el rechazo toda su vida. El Papa nos recuerda que como discípulos, no debemos rechazar a las personas sino abrazarlas y servirles.

Piensa en alguna ocasión en la que hayas sido rechazado y recuerda qué sentiste. En oración, pídele a Dios compasión y fuerza para abrazar a Jesús en aquellos que son rechazados entre nosotros.

Hebreos 12:4–7,11–15
Salmo 103:1–2,13–14,17–18a
Marcos 6:1–6

Jueves
2 DE FEBRERO
• PRESENTACIÓN DEL SEÑOR •

Trascurrido el tiempo de la purificación de María, según la ley de Moisés, ella y José llevaron al niño a Jerusalén para presentarlo al Señor.
—LUCAS 2:22

¿Por qué los hispanos presentamos a los niños en la Iglesia?

En la tradición católica hispana, las familias damos gracias a Dios presentando a nuestros hijos en la iglesia. Esta tradición tiene su raíz en la presentación del niño Jesús en el Templo 40 días después de la Navidad. Algunos presentan a sus hijos recién nacidos, otros esperan 40 días y otros tres años. Alguna vez escuché esta conmovedora oración de un padre cuando presentaba a su bebé en la iglesia: "¡Gracias, Dios, por este precioso regalo que es sangre de mi sangre! Necesito tu ayuda para ser el mejor padre posible. Enséñame, guíame, dirígeme".

Piensa en cómo muestras tu gratitud y dependencia a Dios.

Malaquías 3:1–4
Salmo 24:7,8,9,10
Hebreos 2:14–18
Lucas 2:22–40 o 2:22–32

Viernes
3 DE FEBRERO

• SAN BLAS, OBISPO Y MÁRTIR • SAN ÓSCAR, OBISPO •

No se olviden de practicar la hospitalidad, ya que por ella, algunos han hospedado ángeles sin saberlo.
—HEBREOS 13:2

¿Qué significa "échale más agua a los frijoles"?

"Échale más agua a los frijoles" es un dicho que nos recuerda que siempre hay espacio para una persona más en la mesa. De niños nos enseñaron que, cuando una persona toca a la puerta, debe ser recibida como si fuera Jesús mismo. Muchos aprendimos la hospitalidad viendo a nuestra madre acoger a la gente que tocaba a su puerta.

La hermosa tradición de las posadas es otro ejemplo de hospitalidad. Esta tradición recrea a Jesús, María y José tocando a nuestra puerta, y nos recuerda que en ocasiones no los recibimos.

La hospitalidad es el corazón de nuestra espiritualidad. A través de ella, tal vez recibas a un ángel o a Jesús mismo. Practica la hospitalidad invitando a alguien a comer.

Hebreos 13:1–8
Salmo 27:1,3,5,8b–9abc
Marcos 6:14–29

Sábado
4 DE FEBRERO

*Entonces él les dijo: "Vengan conmigo a un lugar solitario,
para que descansen un poco".*
—MARCOS 6:31

Ponte en la presencia de Dios, oración preparatoria, lectura, contemplación, diálogo, oración final.

En medio de su ministerio, Jesús invita a sus discípulos a que dediquen tiempo a orar. Aunque están rodeados de una multitud hambrienta de espiritualidad, Jesús les recuerda que orar es el eje central del discipulado.

Adéntrate al lugar desértico del pasaje de las Escrituras y descansa un rato. Siéntate con Jesús. Él te dice: "Descansa un poco conmigo. Guarda silencio por un minuto, respira profundo y siéntete presente. Después dime tus pensamientos o sentimientos". Comparte lo que te venga a la mente o al corazón. Pide ayuda a Jesús en tus oraciones.

¿Cómo terminarías esta conversación? Repasa tus pensamientos y emociones. Padre nuestro. . . .

Hebreos 13:15–17,20–21
Salmo 23:1–3a,3b–4,5,6
Marcos 6:30–34

Domingo
5 DE FEBRERO
• V DOMINGO DEL TIEMPO ORDINARIO •

"Ustedes son la luz del mundo".
—MATEO 5:14

¿Qué significa *ite e inflammate omnia*?

La leyenda cuenta que san Ignacio envió a su amigo san Francisco Javier a misionar con la frase, "sed un fuego que enciende otros fuegos". Estas palabras hacen eco hoy en día llamándonos a reflexionar sobre la luz de Jesucristo en un mundo que suele sentirse oscuro y desesperanzado.

La luz de Cristo que se te ha dado no es para mantenerla oculta. Recibe la luz de Jesucristo en tu corazón y luego compártela para que sea luz brillante en el mundo.

Ahora, sé un fuego que enciende otros fuegos, *ite, inflammate Omnia*.

Isaías 58:7–10
Salmo 112:4–5,6–7,8–9(4a)
1 Corintios 2:1–5
Mateo 5:13–16

Lunes
6 DE FEBRERO

• SAN PABLO MIKI Y COMPAÑEROS, MÁRTIRES •

Apenas bajaron de la barca, la gente los reconoció y de toda aquella región acudían a él, a cualquier parte donde sabían que se encontraba, y le llevaban en camillas a los enfermos.
—MARCOS 6:54–55

¿Conoces gente que necesite sanación?

Todos los días nos encontramos con personas en nuestro trabajo y en nuestro ministerio que están lastimadas. Han tenido experiencias dolorosas que los limitan y les impiden vivir plenamente. No les es posible superar solos el dolor de perder a un ser querido, el trauma de un divorcio, la brutalidad del abuso o la sensación de abandono. Necesitan la amorosa misericordia de Dios para superar el dolor y volver a vivir plenamente.

Reconoce a la gente que vive lastimada y necesita de la sanación de Dios. Sé misericordioso, paciente y comprensivo para que esas personas vean la misericordia de Dios en ti.

Génesis 1:1–19
Salmo 104:1–2a,5–6,10 y 12,24 y 35c
Marcos 6:53–56

Martes
7 DE FEBRERO

Y así fue. Vio Dios todo lo que había hecho y lo encontró muy bueno.
—GÉNESIS 1:30–31

¿Cómo se ven las huellas de Dios?

La creatividad de Dios es visible a nuestro alrededor en la naturaleza. Sus huellas se perciben en las cosas que él creó en la Tierra. Cuando dedicas tiempo a meditar en la belleza y complejidad de las cosas, percibes la huella de Dios. Piensa, por ejemplo, en un pájaro, una fresa o una hoja de árbol. Cuando los observas con atención, los detalles simplemente saltan a la vista. Ves detalles que antes ignorabas, como el color de las plumas, el exterior de las semillas o las venas de las hojas.

San Ignacio nos recuerda encontrar a Dios en todo. Hoy busca una cosa que Dios haya creado y examínala en silencio buscando en eso sus huellas.

Génesis 1:20—2:4a
Salmo 8:4–5,6–7,8–9
Marcos 7:1–13

Miércoles
8 DE FEBRERO

• SAN JERÓNIMO EMILIANI, PRESBÍTERO • SANTA JOSEFINA BAKHITA, VIRGEN •

El Señor Dios tomó al hombre y lo puso en el jardín del Edén, para que lo cultivara y lo cuidara.
—GÉNESIS 2:15

Ponte en la presencia de Dios, oración preparatoria, lectura, contemplación, diálogo, oración final.

Los Nahua creían que los humanos no debían tener propiedades. Según su creencia, el agua, el aire, el suelo y todos los seres vivos pertenecen a Dios, y los humanos son los guardianes de toda la creación de Dios.

Con esto en mente, entra en el jardín con Dios y usa tus ojos y oídos para escuchar el pasaje de la Biblia. Pregúntale a Dios: "¿Cómo puedo ver mejor tus huellas en la creación? ¿Qué puedo hacer para cuidar de todo lo que me has dado?". Dios te pregunta: "¿Hay algún cambio que quieras hacer para ser un mejor guardián? Compártelo conmigo".

¿Cómo terminarías esta conversación? Repasa tus pensamientos y emociones. Padre nuestro. . . .

Génesis 2:4b–9,15–17
Salmo 104:1–2a, 27–28,29bc–30
Marcos 7:14–23

Jueves
9 DE FEBRERO

La mujer le replicó: "Sí, Señor; pero también es cierto que los perritos, debajo de la mesa, comen las migajas que tiran los niños".
—MARCOS 7:28

¿Es la gracia y la sanación de Dios solo para unos pocos?

La mujer del pasaje del Evangelio no encajaba en el molde: era pagana, mal educada e interrumpió la cena para discutir con Jesús e implorarle por el bien de su hija. Con determinación y valentía le pidió a Jesús que curara a alguien que no era de su raza. La mujer siro-fenicia nos dice hoy que la gracia de la sanación de Dios es para todos.

Reza por aquellos que buscan la gracia y la sanación de Dios. Pide valentía para interceder por ellos.

Génesis 2:18–25
Salmo 128:1–2,3,4–5
Marcos 7:24–30

Viernes
10 DE FEBRERO

• SANTA ESCOLÁSTICA, VIRGEN •

Le metió los dedos en los oídos y le tocó la lengua con saliva. Después, mirando al cielo, suspiró y le dijo: "¡Effetá!" (que quiere decir "¡Ábrete!"). Al momento se le abrieron los oídos.
—MARCOS 7:33–35

¿Qué clase de milagro buscas?

Acontecimientos milagrosos como las grandes sanaciones de los evangelios son raros. Pero los milagros ocurren cada día cuando permitimos que Dios obre en nuestra vida. Puede que no sean las imágenes dramáticas que vemos en las Escrituras donde alguien de repente ve, escucha o camina. En lugar de ello, son los momentos donde Dios nos transforma y es capaz de obrar a través de nosotros. Los milagros que Dios nos concede quizás no sean los que pedimos, pero es lo que Dios quiere para nosotros.

Entrégate a Dios y ve los grandes milagros que Dios hace en tu vida.

Génesis 3:1–8
Salmo 32:1–2,5,6,7
Marcos 7:31–37

Sábado

11 DE FEBRERO

• NUESTRA SEÑORA DE LOURDES •

"Me da lástima esta gente: ya llevan tres días conmigo y no tienen qué comer".
—MARCOS 8:2

¿Cuál es la diferencia entre lástima y compasión?

La compasión que Jesús muestra no es lástima. Jesús "sufre con ellos" y, movido por ese sufrimiento, los alimenta. Hoy en día, la compasión de Jesús significa sufrir con los inmigrantes que llegan a este país, con los hambrientos y sedientos, con los padres que no pueden alimentar a su familia o con las personas que no pueden pagar sus facturas. Cuando sufrimos con los demás tenemos el mismo corazón de Jesucristo, nos santificamos y reconocemos más profundamente la presencia de Cristo en nuestra vida.

Hoy, pide a Jesús que mueva tu compasión, para que "sufriendo con los necesitados" seas testigo de la compasión de Cristo para los demás y te lleve profundamente al corazón de Dios.

Génesis 3:9–24
Salmo 90:2,3–4abc,5–6,12–13
Marcos 8:1–10

Domingo
12 DE FEBRERO

• VI DOMINGO DEL TIEMPO ORDINARIO •

Delante del hombre están la muerte y la vida;
le será dado lo que él escoja.
—ECLESIÁSTICO 15:17

¿Tienen los católicos libertad de tomar decisiones?

San Ignacio nos anima a encontrar libertad en nuestras decisiones en medio de una relación amorosa con Dios. Si escogemos a Cristo, escogemos vida; somos amados, crecemos y nos beneficiamos con una gracia abundante. Cuando escogemos la muerte, somos inseguros y morimos espiritualmente.

¡Escoge la vida! Decide amar y servir a Cristo siguiendo la sabiduría de san Ignacio. Pregúntate: "¿Cómo escojo la vida con Cristo? ¿Qué he hecho por Cristo? ¿Qué voy a hacer por Cristo?".

Eclesiástico 15:15–20
Salmo 119:1–2,4–5,17–18,33–34(1b)
1 Corintios 2:6–10
Mateo 5:17–37 o 5:20–22a,27–28,33–34a,37

Lunes
13 DE FEBRERO

Entonces, el Señor le preguntó a Caín: "¿Dónde está Abel, tu hermano?". Caín le respondió: "No lo sé. ¿Acaso soy yo el guardián de mi hermano?".
—GÉNESIS 4:9

¿Cómo cuidas de tus hermanos? ¿Qué haces para protegerlos?

Muchos de nosotros crecimos en un hogar donde mamá o papá nos preguntaban al llegar a casa: "¿Dónde está tu hermano?". Si hubiéramos tenido la altanería de preguntar "¿acaso soy yo el guardián de mi hermano?", la respuesta hubiera sido "sí".

Es en el seno de la familia donde se nos inculca el sentido de comunidad; donde aprendemos a tratarnos, protegernos y cuidarnos los unos a los otros, porque somos familia. A través del Bautismo somos miembros del cuerpo de Cristo y hermanos de todos... somos parte de la familia de Dios.

Sal de tu rutina y busca a uno de tus "hermanos" o "hermanas".

Génesis 4:1–15,25
Salmo 50:1 y 8,16bc–17,20–21
Marcos 8:11–13

Martes
14 DE FEBRERO

• SAN CIRILO, MONJE, Y SAN METODIO, OBISPO •

"¿Tan embotada está su mente? ¿Para qué tienen ustedes ojos, si no ven, y oídos, si no oyen? ¿No recuerdan cuántos canastos de sobras recogieron, cuando repartí cinco panes entre cinco mil hombres?".
—MARCOS 8:17–19

¿Qué nos pregunta Dios en este pasaje?

Depender de alguien puede ser difícil porque implica no tener el control, confiar y admitir que necesitamos ayuda. La mentalidad de ser independientes en todo momento puede afectar nuestra vida espiritual e impedir que confiemos en Dios y dependamos de él. Cuando dependemos de Dios, Jesús es suficiente para todas nuestras situaciones. No debemos preocuparnos por las cosas que nos faltan, sino ser dependientes de Dios. Él nos sorprenderá con gran abundancia.

En oración, pídele a Dios que te ayude a confiar y a depender de él.

Génesis 6:5–8;7:1–5,10
Salmo 29:1a y 2,3ac–4,3b y 9c–10
Marcos 8:14–21

Miércoles
15 DE FEBRERO

Jesús le volvió a imponer las manos en los ojos y el hombre comenzó a ver perfectamente bien: estaba curado y veía todo con claridad.
—MARCOS 8:25

¿Qué es más importante: estar enfocados en la meta o buscar el camino para llegar a la meta?

Vivir en un mundo enfocado en metas nos conduce a ver solo los resultados finales, impidiéndonos entender el significado del camino. Este extraordinario pasaje bíblico nos enseña que la fe es un proceso gradual. Un camino de encuentro, oración y servicio nos da la claridad y la visión para una vida plena. La fe es algo más que un proceso automático; implica aprender de nuestros errores y experiencias, de nuestra vida parroquial y de sus enseñanzas.

Cuando no veas con claridad, mantén fuerte tu fe. Continúa orando, reflexionando y viviendo como discípulo. Jesús, nuestra luz, iluminará tu corazón.

Génesis 8:6–13,20–22
Salmo 116:12–13,14–15,18–19
Marcos 8:22–26

Jueves
16 DE FEBRERO

En aquel tiempo, Jesús y sus discípulos se dirigieron a los poblados de Cesárea de Filipo. Por el camino les hizo esta pregunta: "¿Quién dice la gente que soy yo?".
—MARCOS: 8:27

Ponte en la presencia de Dios, oración preparatoria, lectura, contemplación, diálogo, oración final.

Los evangelios nos dan a conocer la persona de Jesucristo. Nos ayudan a adquirir una imagen de quién es y cómo es él.

Adéntrate en este pasaje de las Escrituras. Observa a los discípulos a medida que reflexionan y contestan las preguntas que Jesús plantea. Jesús pregunta: "¿Quién dices que soy? ¿Qué crees de mí? ¿Qué significa ser mi discípulo?". Dile a Jesús: "¿Quién dices que soy?".

Haz un momento de silencio para escucharle y pide sabiduría para verlo y conocerlo mejor.

¿Cómo terminarías esta conversación? Repasa tus pensamientos y emociones. Padre nuestro. . . .

Génesis 9:1–13
Salmo 102:16–18,19–21 y 22–23
Marcos 8:27–33

Viernes
17 DE FEBRERO

• LOS SIETE SANTOS FUNDADORES DE LA ORDEN DE LOS SIERVOS DE LA VIRGEN MARÍA •

"El que quiera venir conmigo, que renuncie a sí mismo, que cargue con su cruz y que me siga. Pues el que quiera salvar su vida, la perderá; pero el que pierda su vida por mí y por el Evangelio, la salvará".
—MARCOS 8:34–35

¿Quién está lo suficientemente loco como para ser motivado por estas palabras?

Jesús es claro en señalar las condiciones del discipulado. En esencia dice que un seguidor tiene que actuar de manera desinteresada y renunciar a su lugar en el centro. Como resultado, el discípulo encuentra espacio para cuidar de los demás —especialmente de los pobres—, escucha la voz de Dios y experimenta su amor y alegría. Las restricciones del discipulado se ven compensadas de sobra con los beneficios de vivir la alegría y el amor de Dios.

Dedica un rato a contemplar tu motivación y compromiso de vivir como discípulo.

Génesis 11:1–9
Salmo 33:10–11,12–13,14–15
Marcos 8:34—9:1

Sábado
18 DE FEBRERO

Jesús tomó aparte a Pedro, a Santiago y a Juan, subió con ellos a un monte alto y se transfiguró en su presencia. Sus vestiduras se pusieron esplendorosamente blancas, con una blancura que nadie puede lograr sobre la tierra.
—MARCOS 9:2–3

¿De qué fueron testigos los discípulos durante la transfiguración?

La palabra *transfiguración* significa más que transformación o conversión. Significa un cambio fundamental en apariencia o carácter para convertirse en algo totalmente nuevo. El transfigurarse renueva algo y lo hace más hermoso. El amor y la misericordia de Dios son capaces de transfigurarlo todo, incluso a ti y a mí. En Dios podemos ser transfigurados en un nuevo ser que refleje a Jesús y su mensaje.

En oración, pide ser transfigurado por el amor de Dios en una persona que refleje a Jesús glorificado.

Hebreos 11:1–7
Salmo 145:2–3,4–5,10–11
Marcos 9:2–13

Domingo 19 DE FEBRERO

• VII DOMINGO ORDINARIO •

"Ustedes han oído que se dijo: 'Ojo por ojo, diente por diente'; pero yo les digo que no hagan resistencia al hombre malo. Si alguno te golpea en la mejilla derecha, preséntale también la izquierda".
—MATEO 5:38–39

¿Qué beneficios recibes cuando eres bueno?

¡Sigue a Jesús! ¡Atrévete a ser diferente! Vive plenamente y deja que la misericordia y el amor de Dios inunden tu ser. Usa tu vida, tus acciones y tus palabras para compartir el amor y la misericordia de Dios. Si alguien te manifiesta negatividad o maldad, retórnalas con bondad y misericordia. Demuéstrale amor a tu enemigo, así como lo hacían Jesucristo y sus discípulos. Viviendo de esta manera experimentarás la alegría y el amor que solo pueden provenir de Dios.

Reflexiona sobre cómo ser amable, misericordioso y amoroso con las personas que te han herido.

Levítico 19:1–2,17–18
Salmo 103:1–2,3–4,8,10,12–13(8a)
1 Corintios 3:16–23
Mateo 5:38–48

Lunes
20 DE FEBRERO

Jesús, al ver que la gente acudía corriendo, reprendió al espíritu inmundo, diciéndole: "Espíritu mudo y sordo, yo te lo mando: Sal de él y no vuelvas a entrar en él". Entre gritos y convulsiones violentas salió el espíritu.
—MARCOS 9:25–26

Jesús tiene autoridad divina sobre todo, y eso incluye poder sobre el diablo. Esta autoridad la vemos repetidamente en las Escrituras. A la luz de este hecho, sorprende ver que la gente se empeñe en enfocarse en lo malo y oscuro del mundo. Es más fácil culpar al mal por las tragedias y los pecados que ocurren en el mundo, que aceptar el papel que desempeñamos los humanos. Como personas de fe, debemos confiar en la divina autoridad de Jesús con la certeza de que él siempre gana.

En oración, pide tener confianza en la autoridad de Dios en tu vida.

Eclesiástico 1:1–10
Salmo 93:1ab,1CD–2,5
Marcos 9:14–29

Martes
21 DE FEBRERO
• SAN PEDRO DAMIÁN, OBISPO Y DOCTOR DE LA IGLESIA •

Entonces Jesús se sentó, llamó a los Doce y les dijo: "Si alguno quiere ser el primero, que sea el último de todos y el servidor de todos".
—MARCOS 9:35

Ponte en la presencia de Dios, oración preparatoria, lectura, contemplación, diálogo, oración final.

En el camino del discipulado no hay lugar para estatus, competitividad o discusión sobre quién es el mejor. La misión esencial de seguir a Jesús implica el cuidado y el servicio a los "últimos", es decir a los miembros más débiles y vulnerables de la sociedad.

Adéntrate en el pasaje de las Escrituras y observa cómo Jesús instruye a los doce a ser los últimos. Pregunta a varios de los discípulos: "¿Qué escucharon decir a Jesús acerca de ser el último? ¿Qué nos aconsejan hacer para cuidar de los 'últimos'?". A su vez, un discípulo te pregunta: "¿Qué escuchas tú decir a Jesús?".

¿Cómo terminarías esta conversación? Repasa tus pensamientos y emociones. Padre nuestro. . . .

Eclesiástico 2:1–11
Salmo 37:3–4,18–19,27–28,39–40
Marcos 9:30–37

Miércoles
22 DE FEBRERO

• LA CÁTEDRA DE SAN PEDRO, APÓSTOL •

"Y yo te digo a ti que tú eres Pedro y sobre esta piedra edificaré mi Iglesia. Los poderes del infierno no prevalecerán sobre ella".
—MATEO 16:18

¿No sería grandioso tener una foto de la reacción de Pedro al escuchar estas palabras de Jesús?

Cuando veas una estatua de un hombre sosteniendo unas llaves, sabrás que es Pedro, la roca. Jesús mostró gran confianza en las habilidades de Pedro para construir y dirigir su Iglesia. ¿Tendría Pedro la misma confianza en sí mismo?

Al igual que Pedro, tú también eres llamado a servir como líder y ayudar a construir la Iglesia. Si no sientes la confianza para hacerlo, apóyate en la confianza que te tiene Dios y hazlo lo mejor que puedas.

Reza por nuestra Iglesia y todos sus líderes. Reconoce la responsabilidad que se te ha asignado y sé siempre fiel al mensaje del Evangelio.

1 Pedro 5:1–4
Salmo 23:1–3a,4,5,6
Mateo 16:13–19

Jueves
23 DE FEBRERO
• SAN POLICARPO, OBISPO Y MÁRTIR •

En aquel tiempo, Jesús dijo a sus discípulos: "Todo aquel que les dé a beber un vaso de agua por el hecho de que son de Cristo, les aseguro que no se quedará sin recompensa".
—MARCOS 9:41

¿Te puedo ofrecer un poco de agua?

La hospitalidad siempre ha sido un sello distintivo del hogar hispano. A muchos se nos inculcó desde pequeños tratar con dignidad y respeto a cualquier persona que llegara a nuestra casa. Se nos enseñó a acoger al desconocido que tocaba a la puerta y ofrecerle un vaso de agua para saciar su sed. No hacerlo se consideraba una falta de respeto porque iba en contra de las enseñanzas de Jesús.

Reflexiona sobre la sabiduría de quienes te enseñaron a reconocer la dignidad de todo ser humano. Honra al forastero en tu entorno y ofrécele hospitalidad y un vaso de agua en el nombre de Jesús.

Eclesiástico 5:1–8
Salmo 1:1–2,3,4 y 6
Marcos 9:41–50

Viernes
24 DE FEBRERO

"Pero desde el principio, al crearlos, Dios los hizo hombre y mujer. Por eso dejará el hombre a su padre y a su madre y se unirá a su esposa y serán los dos una sola cosa. De modo que ya no son dos, sino una sola cosa".
—MARCOS 10:6–9

¿Qué hace al sacramento del matrimonio tan único o especial?

Desde el comienzo, Dios quería acercarse a la humanidad de una manera íntimamente amorosa. Este amor íntimo se manifiesta en el sacramento del matrimonio cuando dos personas se entregan el uno al otro de por vida. Es un lugar privilegiado donde el amor de Dios se hace presente y se comunica. Las parejas que viven el sacramento del matrimonio son testigos del amor único de Dios.

Reflexiona sobre el sacramento del matrimonio e identifica cómo esta unión refleja el amor de Dios.

Eclesiástico 6:5–17
Salmo 119:12,16,18,27,34,35
Marcos 10:1–12

Sábado

25 DE FEBRERO

"Les aseguro que el que no reciba el Reino de Dios como un niño, no entrará en él".
—MARCOS 10:15

Ponte en la presencia de Dios, oración preparatoria, lectura, contemplación, diálogo, oración final.

Un niño es indefenso, dependiente y receptivo. Un niño depende de los mayores para todas sus necesidades, como alimento, ropa y techo, por nombrar algunas. El niño recibe estos cuidados como obsequio, sin expectativas ni condiciones.

Adéntrate en este pasaje de las Escrituras y observa a los niños. Presta especial atención a su dependencia y apertura a los dones de Dios. Jesús te pregunta: "¿Qué te hace tan difícil ser totalmente dependiente de Dios? ¿Reconoces los dones que Dios te da?". Pregúntale a Jesús: "¿Me ayudarías a ser más como un niño, dependiente de Dios y receptivo a sus dones?".

¿Cómo terminarías esta conversación? Repasa tus pensamientos y emociones. Padre nuestro. . . .

Eclesiástico 17:1–15
Salmo 103:13–14,15–16,17–18
Marcos 10:13–16

Domingo 26 DE FEBRERO

• VIII DOMINGO ORDINARIO •

"Por eso les digo que no se preocupen por su vida, pensando qué comerán o con qué se vestirán. ¿Acaso no vale más la vida que el alimento, y el cuerpo más que el vestido?"
—Mateo 6:25

¿Qué tan dispuesto estás a depender totalmente de Dios?

Muchos de nosotros estamos rodeados de familiares que de manera cotidiana expresan su total dependencia en Dios con frases como estas: "Si Dios quiere", "Si Dios nos permite", o "Si Dios nos da vida". Este testimonio verbal de fe profesa el lugar central de Dios en nuestra vida, así como el propósito de rendirnos a su voluntad y depender de él para todo.

¡Practica la sabiduría de tus ancestros! Coloca a Dios en el centro de tu vida, depende de él y ríndete a su voluntad. Como resultado, reconocerás que Dios está presente en ti y que provee para saciar tus necesidades.

Isaías 49:14–15
Salmo 62:2–3,6–7,8–9(6a)
1 Corintios 4:1–5
Mateo 6:24–34

Lunes
27 DE FEBRERO

"Ve y vende lo que tienes, da el dinero a los pobres y así tendrás un tesoro en los cielos. Después, ven y sígueme". Pero al oír estas palabras, el hombre se entristeció y se fue apesadumbrado, porque tenía muchos bienes.
—MARCOS 10:21–22

Si Jesús te pidiera que renunciaras a todas tus posesiones, ¿lo harías?

La sociedad actual nos quiere convencer de que la felicidad proviene de poseer cosas, como el teléfono más nuevo, el bolso de marca, la troca último modelo o una casa grande. No es malo tener cosas. . . lo malo es nuestro apego a dichas posesiones.

San Ignacio nos enseña acerca del desapego: "Apreciamos y usamos todos estos dones de Dios mientras nos ayudan a desarrollarnos como personas amorosas. Pero si alguno de estos dones se convierte en centro de nuestras vidas, desplaza a Dios y obstaculiza nuestro crecimiento".

Decide tener cosas, pero que las cosas no te posean a ti.

Eclesiástico 17:20–24
Salmo 32:1–2,5,6,7
Marcos 10:17–27

Martes
28 DE FEBRERO

"Yo les aseguro: Nadie que haya dejado casa, o hermanos o hermanas, o padre o madre, o hijos o tierras, por mí y por el Evangelio, dejará de recibir, en esta vida, el ciento por uno".
—MARCOS 10:29–30

¿Pesan más los beneficios de formar parte de una familia que los costos?

La familia a menudo nos enseña que ser miembro de una comunidad significa tanto dar como recibir. Vamos a una fiesta de quinceañera o a una boda aunque estemos agotados, ayudamos a un primo a cambiarse de casa o aceptamos a un total desconocido en nuestro sofá... ¡todo en nombre de la familia! Lo mismo pasa con el discipulado: a veces damos mucho, pero aún más seguido recibimos.

Reflexiona en cómo recibes y das. Da gracias a Dios por el beneficio y la oportunidad de dar de ti mismo.

Eclesiástico 35:1–12
Salmo 50:5–6,78,14 y 23
Marcos 10:28–31

Miércoles
1 DE MARZO

• MIÉRCOLES DE CENIZA •

"Cuando ustedes hagan oración, no sean como los hipócritas".
—MATEO 6:16

¿En qué tiempo estamos?

Si en la mesa hay capirotada, lentejas o tortitas de camarón, ¡es Cuaresma! Estas comidas son típicas del tiempo de Cuaresma.

En muchas casas hispanas, las acciones, tradiciones y comidas están enfocadas en la Pasión, Muerte y Resurrección de Jesús. Se hace penitencia personal y en familia. Algunos asisten a misa diaria, rezan el Rosario, hacen las estaciones de la cruz el viernes y hasta sacrifican su comida favorita o la televisión. Otros ayudan a los pobres y desamparados en comedores comunitarios y participan en otras actividades de Cuaresma de su parroquia. Estas acciones nos guían a una conversión más profunda de corazón y a entrar en la Pasión, Muerte y gloriosa Resurrección de Jesús.

¡Prepara un platillo de Cuaresma y ten un gesto de bondad!

Joel 2:12–18
Salmo 51:3–4,5–6ab, 12–13,14 y 17
2 Corintios 5:20—6:2
Mateo 6:1–6,16–18

Jueves
2 DE MARZO

"Pues el que quiera conservar para sí mismo su vida, la perderá; pero el que la pierda por mi causa, ése la encontrará".
—LUCAS 9:24

¿No es acerca de mí?

Muchos estamos tan absortos en nosotros mismos, que dejamos poco espacio para cuidar de los demás. Nos dedicamos tanto a nuestros problemas y responsabilidades, que ignoramos a personas a nuestro alrededor. Centrarnos solamente en nosotros mismos puede dejarnos solos y vacíos. Cuando dejamos a un lado nuestro egoísmo y reconocemos a los demás, somos conscientes de la presencia de Dios y nos llenamos de alegría y amor. No es acerca de mí; es acerca de la presencia de Dios en mi vida a través de la gente que me rodea.

Cambia tu enfoque a "menos de mí y más de Dios". Hoy libérate de tus preocupaciones y necesidades, y da paso a las necesidades y preocupaciones de alguien más.

Deuteronomio 30:15–20
Salmo 1:1–2,3,4 y 6
Lucas 9:22–25

Viernes

3 DE MARZO

• SANTA CATALINA DREXEL, VIRGEN •

En aquel tiempo, los discípulos de Juan fueron a ver a Jesús y le preguntaron: "¿Por qué tus discípulos no ayunan, mientras nosotros y los fariseos sí ayunamos?".
—MATEO 9:14

Si dejas de hacer algo por un día, ¿esto impacta tu vida?

Una acción te lleva a un efecto. Cerramos la llave y el agua deja de correr. Oprimimos un botón y la máquina se detiene.

Ayunar puede tener efectos positivos. Cuando nos abstenemos de comer, somos conscientes del hambre que sentimos y de las necesidades de nuestro organismo. El ayuno nos lleva a entender la realidad del hambre en el mundo y hasta nos impulsa a hacer algo al respecto. Ayunar puede ser una oportunidad de crecimiento espiritual.

Esta Cuaresma, haz un ayuno que te conmueva. Ayuna también de palabras negativas y de comportamientos que hieren a otros. Así lograrás un impacto positivo en tu espiritualidad.

Isaías 58:1–9a
Salmo 51:3–4,5–6ab,18–19
Mateo 9:14–15

Sábado
4 DE MARZO
• SAN CASIMIRO •

"¿Por qué comen y beben con publicanos y pecadores?" Jesús les respondió: "No son los sanos los que necesitan al médico, sino los enfermos".
—LUCAS 5:30–31

Ponte en la presencia de Dios, oración preparatoria, lectura, contemplación, diálogo, oración final.

En tiempos de Jesús, los cobradores de impuestos eran la gente más despreciada. Se les comparaba con los peores pecadores como las prostitutas, los asesinos y los rateros.

Adéntrate en el pasaje de las Escrituras y sigue a Leví. Observa su reacción hacia Jesús y el rechazo de los fariseos. Siéntate con Leví. Él te pregunta: "¿Quiénes serían considerados los cobradores de impuestos hoy? ¿Te encuentras con ellos? ¿Cuál es el reto de los prejuicios en nuestros días? Sal de tu zona de confort para encontrar y atender a los enfermos".

Pregúntale a Leví: "¿Qué emociones experimentaste cuando Jesús te llamó?".

¿Cómo terminarías esta conversación? Repasa tus pensamientos y emociones. Padre nuestro. . . .

Isaías 58:9b–14
Salmo 86:1–2,3–4,5–6
Lucas 5:27–32

Domingo
5 DE MARZO

• I DOMINGO DE CUARESMA •

El Señor Dios tomó polvo del suelo y con él formó al hombre; le sopló en las narices un aliento de vida y el hombre comenzó a vivir.
—GÉNESIS 2:7

¿Sabes que en promedio realizamos 16 respiraciones por minuto y 23,000 respiraciones al día?

Respirar es vital para la vida. Si no recibimos oxígeno, comenzamos a morir en pocos minutos.

Dios sopló el aliento de vida en el primer ser humano. Su aliento es la fuente de toda vida. Cuando Dios nos dio el aliento de vida, despertamos al amor, la hermosura y la gracia alrededor de nosotros. Con Dios, nuestra vida se llena de sentido.

Exhala todo el aire de tus pulmones y pídele a Dios ese aliento de vida. Respira profundo y permite que el aire de Dios sea el ritmo de tu vida. Para vivir plenamente, depende del aliento de Dios.

Génesis 2:7–9;3:1–7
Salmo 51:3–4,5–6,12–13,17
Romanos 5:12–19 o 5:12,17–19
Mateo 4:1–11

Lunes
6 DE MARZO

"Yo les aseguro que, cuando lo hicieron con el más insignificante de mis hermanos, conmigo lo hicieron".
—MATEO 25:40

¿Te has visto alguna vez con hambre?

Recuerdo a mi buena amiga Cruz, quien siempre daba de comer a todo el que se atravesara en su camino, desde compañeros y visitantes, hasta desamparados. Cierta vez ella me dijo: "Esa persona podría ser mi hijo y, si yo la alimento, tal vez alguien alimente a mi hijo". Esto me hizo ver que el hacer algo por el hijo de alguien puede tener un gran impacto. La gratitud genuina se demuestra ayudando al hijo de alguien; alimentándolo, hospedándolo o ayudándolo con la tarea. Porque cuando lo hacemos por los hijos, los padres sienten que lo hicimos por ellos.

Recuerda a alguien que haya hecho algo por tus hijos y exprésale tu gratitud en silencio. Piensa en la necesidad de un hijo ajeno y ayúdalo. ¡Hazlo por Jesús!

Levítico 19:1–2,11–18
Salmo 19:8,9,10,15
Mateo 25:31–46

Martes
7 DE MARZO
• SANTA PERPETUA Y SANTA FELICITAS, MÁRTIRES •

*"Ustedes, pues, oren así:
Padre nuestro, que estás en el cielo. . .".*
—MATEO 6:9

¿Cómo puedes rezar desde el corazón?

Te invito a imaginar que Jesús está sentado junto a ti y que escuchas por primera vez esta oracion y escucha con los oídos de tu corazón. Al escucharle decir cada palabra o frase del Padrenuestro, pregúntate: "¿Qué me está enseñando Jesús?". Toma un pedazo de papel, escribe la oración y subraya las palabras que sobresalgan, o escribe una nota después de cada frase.

Isaías 55:10–11
Salmo 34:4–5,6–7,16–17,18–19
Mateo 6:7–15

Miércoles
8 DE MARZO

• SAN JUAN DE DIOS, RELIGIOSO •

"Cuando sean juzgados los hombres de este tiempo, la reina del sur se levantará el día del juicio para condenarlos, porque ella vino desde los últimos rincones de la tierra para escuchar la sabiduría de Salomón, y aquí hay uno que es más que Salomón".
—LUCAS 11:31

Ponte en la presencia de Dios, oración preparatoria, lectura, contemplación, diálogo, oración final.

Algunas personas empezaron a darse cuenta de quién era Jesús y comenzaron a seguirlo. Otros estaban ciegos ante el hecho de que la sabiduría y la misericordia de Dios estaba entre ellos.

Adéntrate en las Escrituras y siéntate con Jesús. Él te pregunta: "¿Qué te gustaría compartir conmigo?". Platícale lo que se cruce por tu mente.

¿Cómo terminarías esta conversación? Repasa tus pensamientos y emociones. Padre nuestro. . . .

Jonás 3:1–10
Salmo 51:3–4,12–13,18–19
Lucas 11:29–32

Jueves
9 DE MARZO

• SANTA FRANCISCA ROMANA, RELIGIOSA •

"El que busca, encuentra".
—MATEO 7:7

¿Pero qué es lo que estás buscando? ¿Qué es esa inquietud en tu corazón que no te deja en paz?

Nuestro corazón anhela a Dios. Disponemos de las Sagradas Escrituras para buscar a Jesús y descubrir su mensaje, su corazón y las prioridades de su vida y ministerio. Encuéntrate con él en las Sagradas Escrituras. Utiliza tus sentidos y tu imaginación para tener una conversación íntima con Cristo en cada pasaje que leas. Adéntrate en las Escrituras, no como simples palabras de una página, sino como un medio de comunicación con Dios a través de una profunda y reflexiva meditación.

Si buscas a Jesús en las Escrituras, lo encontrarás.

Esther C:12,14–16,23–25
Salmo 138:1–2ab,2cde–3,7c–8
Mateo 7:7–12

Viernes
10 DE MARZO

"Pero yo les digo: Todo el que se enoje con su hermano, será llevado también ante el tribunal".
—MATEO 5:22

¿Has perdonado a los que te han ofendido, o tu corazón todavía guarda resentimiento?

El resentimiento nos puede llevar al odio, el odio a la venganza y la venganza nos aparta de Dios. En este pasaje, Jesús compara el odio con un pecado grave, como el matar. El odio es sin lugar a dudas un ácido que corroe nuestra alma. Jesús nos llama a reconciliarnos con aquellos que nos han herido y a agradar a Dios. Esta historia del Evangelio nos muestra cómo la misericordia de Dios nos sana. El perdón nos libera para vivir plenamente y nos recuerda que la misericordia incondicional de Dios está siempre a nuestra disposición.

Reflexiona sobre tus propias experiencias. ¿Necesitas perdonar a alguien?

Ezequiel 18:21–28
Salmo 130:1–2, 3–4, 5–7a, 7BC–8
Mateo 5:20–26

Sábado
11 DE MARZO

"Amen a sus enemigos, hagan el bien a los que los odian y rueguen por los que los persiguen y calumnian, para que sean hijos de su Padre celestial".
—MATEO 5:44

¿Es posible amar a alguien que te odia?

Es fácil amar a las personas que nos expresan amor y cariño. Pero Jesús nos pide que también amemos a nuestros enemigos, lo que parecería ir en contra de nuestro instinto natural. Nuestro corazón fue hecho para amar a Dios, así que en él no puede residir el odio y el amor a la vez.

Dios nos creó para amar, no para odiar. Odiar a otros nos separa del amor de Dios. Amar a nuestros enemigos muestra una forma radical y profunda de amar, que puede tocar el corazón de esas personas con el poder sanador de la misericordia de Dios.

Como católicos nos perdonamos, nos oponemos a la pena capital, ponemos la otra mejilla y perdonamos setenta veces siete.

Deuteronomio 26:16–19
Salmo 119:1–2,4–5,7–8
Mateo 5:43–48

Domingo
12 DE MARZO

• II DOMINGO DE CUARESMA •

Ahí se transfiguró en su presencia: su rostro se puso resplandeciente como el sol y sus vestiduras se volvieron blancas como la nieve.
—MATEO 17:2

Ponte en la presencia de Dios, oración preparatoria, lectura, contemplación, diálogo, oración final.

La transfiguración nos da una visión de la gloria de Jesús y nos revela su identidad: de hijo amado de Dios. Ahí vemos que la gloria de Dios nos espera a sus hijos.

Adéntrate en el pasaje, observa desde la montaña y luego siéntate con Jesús. Él te dice: "En el camino habrá retos, estragos y tristezas. ¡Ten fe, porque al final llegará la victoria! ¿Quieres decirme lo que pasa por tu mente?". Pregúntale a Jesús: "Y si olvido este momento en la montaña, ¿me seguirás alentando e inspirando en las tribulaciones de mi vida?".

¿Cómo terminarías esta conversación? Repasa tus pensamientos y emociones. Padre nuestro. . . .

Génesis 12:1–4a
Salmo 33:4–5,18–19,20,22
2 Timoteo 1:8b–10
Mateo 17:1–9

Lunes
13 DE MARZO

"No juzguen y no serán juzgados; no condenen y no serán condenados".
—LUCAS 6:37

¿Eres capaz de dejar de juzgar y condenar?

Durante la Cuaresma, algunos nos abstenemos de cosas que nos gustan mucho, como el chocolate, la televisión, los refrescos o los dulces. Pero el tiempo de Cuaresma nos llama a algo más profundo.

En el Evangelio de hoy, Jesús nos reta no solo a dejar cosas, sino hábitos que tienen consecuencias graves en nuestra vida espiritual. Nos dice que dejemos de juzgar y de condenar. Dios mora en nuestro corazón, y esto hace posible que seamos compasivos, comprensivos y amorosos con los demás.

Esta Cuaresma, deja algo que realmente tenga un impacto en tu espiritualidad. Sé comprensivo, compasivo y no juzgues ni condenes a los demás.

Daniel 9:4b–10
Salmo 79:8,9,11 y 13
Lucas 6:36–38

Martes
14 DE MARZO

"Hagan, pues, todo lo que les digan, pero no imiten sus obras, porque dicen una cosa y hacen otra".
—MATEO 23:3

¿Qué enseñas a través de tus acciones?

Muchos tuvimos la suerte de criarnos con maravillosos catequistas —mamá, papá, abuelitos, tíos— que nos inculcaron su fe mediante sus acciones y palabras cotidianas. Su sabiduría sobre el catolicismo y el discipulado nos enseñó a creer. En otras palabras, pudimos aprender de ellos porque practicaban lo que decían. Así como esos maravillosos catequistas, nosotros también enseñamos la fe a nuestras familias y comunidades. No seamos como los escribas y los fariseos que dicen una cosa y hacen otra. Seamos conscientes del entorno y de nuestra misión catequética. ¡Enseñemos con el ejemplo!

¿Muestras en tus acciones inclusión, humildad, que cuidas a los vulnerables y amas al prójimo?

Isaías 1:10,16–20
Salmo 50:8–9,16bc–17,21 y 23
Mateo 23:1–12

Miércoles
15 DE MARZO

"El que quiera ser grande entre ustedes, que sea el que los sirva, y el que quiera ser el primero, que sea su esclavo".
—MATEO 20:26–27

¿Cómo es que el servir a los demás, especialmente a los rechazados, te engrandece?

Para Jesús, ser grande significa estar al servicio de los demás, especialmente de los rechazados por la sociedad. Jesús es el modelo perfecto de servicio. Como un gesto de amor y servicio en la última cena, Jesús tomó una toalla y lavó los pies a sus discípulos. Lavar los pies de otros era un acto de humildad. En este sentido, el servicio es una acción transformadora que llega a los necesitados y humildemente nos abre al amor de Dios y nos hace grandes en su reino.

¡Sé grande ante los ojos de Jesús! Sirve la cena a tu familia y sirve también a los necesitados.

Jeremías 18:18–20
Salmo 31:5–6,14,15–16
Mateo 20:17–28

Jueves
16 DE MARZO

"Te ruego, entonces, padre Abraham, que mandes a Lázaro a mi casa, pues me quedan allá cinco hermanos, para que les advierta y no acaben también ellos en este lugar de tormentos".
—LUCAS 16:27–28

¿Pueden las comodidades de la vida moderna hacerte indiferente, ciego y sordo al sufrimiento?

Hacer lo que es correcto por miedo al castigo revela egoísmo del corazón. Dios nos creó para que fuéramos benevolentes y amorosos. Estamos rodeados de personas que luchan por sobrevivir y no podemos permanecer indiferentes a su sufrimiento. Cuando vemos a Dios en todas las cosas, nos damos cuenta de que cada día hay innumerables oportunidades para reconocer su presencia y responder a ese amor. Seamos conscientes de la presencia de Dios en nuestro entorno, especialmente en los pobres.

No dejes que la comodidad nuble tu mirada. Escoge amar a Dios siendo bondadoso con los Lázaros a tu alrededor.

Jeremías 17:5–10
Salmo 1:1–2,3
Lucas 16:19–31

Viernes
17 DE MARZO

• SAN PATRICIO, OBISPO •

"Había una vez un propietario que plantó un viñedo, lo rodeó con una cerca, cavó un lagar en él, construyó una torre para el vigilante y luego la alquiló a unos viñadores y se fue de viaje".
—MATEO 21:33

¿Qué pasa cuando una planta no recibe sol, agua o cuidados?

El viñedo está hecho del pueblo de Dios y cada uno de nosotros está llamado a servir a los inquilinos. El enfoque debe de ser nutrir a los que servimos en nuestro ministerio. Es nuestra responsabilidad crear un ambiente donde sean alimentados y cuidados para que crezcan en el camino de Dios.

Reflexiona en tu experiencia como inquilino en el cuidado del viñedo. Sé consciente de las acciones y palabras positivas que usas para nutrir el crecimiento espiritual de los que te rodean.

Génesis 37:3–4,12–13a,17b–28a
Salmo 105:16–17,18–19,20–21
Mateo 21:33–43,45–46

Sábado

18 DE MARZO

• SAN CIRILO DE JERUSALÉN, OBISPO Y DOCTOR DE LA IGLESIA •

> *"El hermano mayor se enojó y no quería entrar.*
> *Salió entonces el padre y le rogó que entrara".*
> —LUCAS 15:28

¿Alguna vez te comportas como el hijo fiel?

El "hijo fiel" está atrapado en su enojo, celos y superioridad. El padre misericordioso se asemeja a la grandeza de nuestro Padre en el cielo y el hijo fiel no la ve. La misericordia de Dios ha estado con él siempre, pero no la puede ver porque piensa solo en sí mismo y no se alegra por su hermano. La misericordia de Dios nos enseña a alegrarnos por los demás. Esa es la verdadera misericordia.

El papa Francisco nos lo recuerda: "Dios es tan misericordioso con nosotros, que deberíamos aprender a ser misericordiosos, especialmente con los que sufren".

Miqueas 7:14–15,18–20
Salmo 103:1–2,3–4,9–10,11–12
Lucas 15:1–3,11–32

Domingo

19 DE MARZO

• III DOMINGO DE CUARESMA •

"El que bebe de esta agua vuelve a tener sed. Pero el que bebe del agua que yo le daré, nunca más tendrá sed; el agua que yo le daré se convertirá dentro de él en un manantial capaz de dar la vida eterna".
—JUAN 4:13–14

¿Reconoces a alguien que está sediento?

Cuando hemos probado el agua viva que Jesús nos ofrece, es natural querer compartirla con los demás y acercarlos a Dios. Somos llamados a evangelizar, a salir de nuestra zona de confort, a encontrar a las personas y dialogar con ellas. Jesús nos enseña cómo llegar a los demás.

Las etiquetas y los prejuicios son obstáculos para llegar a los demás, especialmente a quienes son diferentes a ti. En tu entorno hay personas sedientas del agua viva. Dialoga con ellas e invítalas a una conversión interior.

Éxodo 17:3–7
Salmo 95:1–2,6–7,8–9
Romanos 5:1–2,5–8
Juan 4:5–42 o 4:5–15,19b–26,39a,40–42

Lunes
20 DE MARZO

• SAN JOSÉ, ESPOSO DE LA SANTÍSIMA VIRGEN MARÍA •

Cuando José despertó de aquel sueño, hizo lo que le había mandado el ángel del Señor.
—MATEO 1:24

¿Qué pensamientos tendría José cuando escuchó al ángel decirle "no temas"?

José fue una persona esencial en el plan de Dios. Como padre y esposo, fue el guardián del gran tesoro de Dios: Jesús y María. La respuesta desinteresada de José permitió a Dios llevar a cabo su plan.

Tal vez te sientas sobrecogido, inseguro o temeroso al pensar que tienes un papel en el plan de Dios. "No temas". . . .deja que las palabras del ángel se hagan eco en tu corazón. Así tendrás tranquilidad y paz, sabiendo que Dios obra para llevarte a su reino.

Pídele a Dios la fuerza y el coraje necesarios para llevar a cabo su gran plan en tu vida.

2 Samuel 7:4–5a,12–14a,16
Salmo 89:2–3,4–5,27 y 29
Romanos 4:13,16–18,22
Mateo 1:16,18–21,24a o Lucas 2:41–51a

Martes
21 DE MARZO

En aquel tiempo, Pedro se acercó a Jesús y le preguntó: "Si mi hermano me ofende, ¿cuántas veces tengo que perdonarlo? ¿Hasta siete veces?". Jesús le contestó: "No solo hasta siete, sino hasta setenta veces siete".
—MATEO 18:21–22

¿Cuánto es setenta veces siete?

La respuesta matemática a esta pregunta es 490, pero la respuesta en la lógica del Evangelio es un número ilimitado. Algunas veces podemos ser rápidos al aceptar el perdón de Dios, pero escatimamos el perdón a los que están a nuestro alrededor. En vez de ofrecer perdón, nuestras mentes maquinan respuestas hirientes o represalias. Dios nos ofrece perdón ilimitado y nos invita a ofrecerlo a los demás. No es fácil, especialmente si no practicamos el perdón.

En oración, pide que la misericordia de Dios llene tu corazón para ofrecer perdón a todos y responder así al amor y la misericordia divinas.

Daniel 3:25,34–43
Salmo 25:4–5ab,6 y 7bc,8 y 9
Mateo 18:21–35

Miércoles
22 DE MARZO

"Por lo tanto, el que quebrante uno de estos preceptos menores y enseñe eso a los hombres, será el menor en el Reino de los cielos; pero el que los cumpla y los enseñe, será grande en el Reino de los cielos".
—MATEO 5:19

Decir mentiras, traer y llevar chismes, enojarse o maldecir no es algo tan grave, ¿verdad? No es tan malo como cometer adulterio o matar a alguien.

El problema es que los pecadillos debilitan lo que somos y para lo que fuimos creados. No podemos justificar nuestras acciones comparándolas con pecados graves. Jesús no vino a invalidar la ley, pero nos recuerda de las pequeñas cosas que dañan nuestra relación con Dios y que pueden convertirse en grandes ofensas que nos separarían de él.

Esta Cuaresma, practica pequeños actos de amor y ayuna de los pecadillos que hieren tu relación con Dios.

Deuteronomio 4:1,5–9
Salmo 147:12–13,15–16,19–20
Mateo 5:17–19

Jueves
23 DE MARZO
• SAN TORIBIO DE MOGROVEJO, OBISPO •

"El que no está conmigo, está contra mí; y el que no recoge conmigo, desparrama".
—LUCAS 11:23

Ponte en la presencia de Dios, oración preparatoria, lectura, contemplación, diálogo, oración final.

Una y otra vez Jesús se revela a sí mismo, y aun así algunos se niegan a reconocerlo.

Adéntrate en este pasaje de las Escrituras y ve a los que están en contra de Jesús. Observa sus reacciones. Ellos no ven el milagro o ignoran que los milagros solo son posibles por el poder de Dios. Después de experimentar este pasaje, siéntate con Jesús. Él amorosamente te pregunta: "¿Dónde te encuentras tú? ¿Estás del lado de los inmigrantes, de los prisioneros y de los que necesitan ayuda? ¿Cómo sirves, amas y muestras misericordia?". Responde: "Quiero estar contigo. ¿Me puedes enseñar a ser como tú?".

¿Cómo terminarías esta conversación? Repasa tus pensamientos y emociones. Padre nuestro. . . .

Jeremías 7:23–28
Salmo 95:1–2,6–7,8–9
Lucas 11:14–23

Viernes
24 DE MARZO

"Amarás a tu prójimo como a ti mismo. No hay ningún mandamiento mayor que estos".
—MARCOS 12:31

¿Escuchas el lamento del pobre?

El beato arzobispo Oscar Romero fue un hombre centrado en el mensaje del Evangelio. Escuchó el lamento del pobre y fue testigo de la injusticia, la tortura y el asesinato de su gente. Oscar Romero usó el mensaje del Evangelio para hablar a los perseguidores diciendo: "Hermanos, son de nuestro mismo pueblo. Matan a sus mismos hermanos campesinos. Y ante una orden de matar que dé un hombre, debe prevalecer la ley de Dios que dice: 'No matar'".

Honremos al beato Oscar Romero y preguntémonos: "¿Escucho el lamento del pobre? ¿Qué hago para preservar la dignidad y los derechos de mi prójimo?".

Oseas 14:2–10
Salmo 81:6c–8a,8BC–9,10–11ab,14 y 17
Marcos 12:28–34

Sábado
25 DE MARZO
• ANUNCIACIÓN DEL SEÑOR •

"Yo soy la esclava del Señor; cúmplase en mí lo que me has dicho".
—LUCAS 1:38

María dijo "sí". Y lo hizo sabiendo que sería sometida a la vergüenza, las dudas, los chismes y las sospechas por estar embarazada sin casarse. No permitió que esos miedos le impidieran decirle "sí" a Dios. María respondió al llamado sagrado y se convirtió en un instrumento de la gracia divina. Por su fiel discipulado, se encarnó el amor de Dios.

Cada uno de nosotros tiene un llamado sagrado para construir el reino de Dios. Todo lo que tenemos que hacer es decir "sí" al llamado de ser fieles discípulos de Dios, y él hará lo demás. Reflexionemos en las palabras de san Ignacio: "Hay muy pocos hombres que se dan cuenta de lo que Dios podría hacer de ellos si se abandonaran a sí mismos en sus manos y se permitieran ser formados por su gracia".

Isaías 7:10–14;08:10
Salmo 40:7–8a,8b–9,10,11
Hebreos 10:4–10
Lucas 1:26–38

Domingo

26 DE MARZO

• IV DOMINGO DE CUARESMA •

"Ni él pecó, ni tampoco sus padres. Nació así para que en él se manifestaran las obras de Dios".
—Juan 9:3

¿Sufres de ceguera espiritual?

La ceguera más real es la ceguera espiritual, porque nos impide ver las obras de Dios ante nuestros ojos. Este pasaje nos alienta a preguntarnos si vemos claro con los ojos del corazón. Con las ocupaciones diarias de trabajo, familia e hijos puede ser fácil dejar pasar los momentos de gracia en nuestra vida.

La Cuaresma es el tiempo perfecto para esforzarnos por ver más claramente con el corazón. Esto lo podemos lograr a través de la oración, la lectura de las Escrituras, las obras de justicia, la caridad y el ministerio en la parroquia. Así mismo, seamos conscientes de los prejuicios que contribuyen a nuestra ceguera espiritual.

1 Samuel 16:1b,6–7,10–13a
Salmo 23:1–3a,3b–4,5,6(1)
Efesios 5:8–14
Juan 9:1–41 o 9:1,6–9,13–17,34–38

Lunes
27 DE MARZO

"Ayer, a la una de la tarde, se le quitó la fiebre". El padre reconoció que a esa misma hora Jesús le había dicho: "Tu hijo ya está sano", y creyó con todos los de su casa.
—JUAN 4:52–53

Ponte en la presencia de Dios, oración preparatoria, lectura, contemplación, diálogo, oración final.

Con frecuencia la gente se siente atraída por la fe cristiana cuando presencia el modo como alguien vive su fe y se relaciona con Dios.

Adéntrate en el pasaje de las Escrituras y observa cómo la gente creyó. Siéntate con Jesús. Él te dice: "Tu vida de fe ha guiado a otros a creer. ¿Existen retos cuando otros observan cómo vives tu fe?". Responde: "¿Me ayudarías a crecer en humildad, oración y sabiduría para que todo lo que haga sea para tu gloria?".

¿Cómo terminarías esta conversación? Repasa tus pensamientos y emociones. Padre nuestro. . . .

Isaías 65:17–21
Salmo 30:2 y 4,5–6,11–12a y 13b
Juan 4:43–54

Martes
28 DE MARZO

Al verlo ahí tendido y sabiendo que ya llevaba mucho tiempo en tal estado, Jesús le dijo: "¿Quieres curarte?". Le respondió el enfermo: "Señor, no tengo a nadie que me meta en la piscina cuando se agita el agua. Cuando logro llegar, ya otra ha bajado antes que yo".
—JUAN 5:6–7

¿Qué es lo que te paraliza?

A veces podemos ser nuestro propio enemigo. Quizá no estemos físicamente lisiados, pero dejamos que nuestras emociones negativas nos paralicen. Miedo, inseguridad, pena, rechazo, ansiedad o dudas nos pueden incapacitar e impedir que seamos aquello para lo cual fuimos creados. Jesús nos quiere sanos para que seamos libres.

Acepta la mano de Jesús y comparte con él las cosas que te paralizan. Reza para que te dé la fuerza de levantarte y caminar.

Ezequiel 47:1–9,12
Salmo 46:2–3,5–6,8–9
Juan 5:1–16

Miércoles
29 DE MARZO

Entonces Jesús les habló en estos términos: "Yo les aseguro: El Hijo no puede hacer nada por su cuenta y solo hace lo que le ve hacer al Padre; lo que hace el Padre también lo hace el Hijo".
—JUAN 5:19

¿Pero qué va decir la gente?

Una característica de las madres hispanas es que se preocupan por que sus hijos salgan de casa presentables. A muchas se les escucha decir: "No sales de la casa con la camisa arrugada, porque eres un reflejo mío". Sin duda somos un reflejo de nuestros padres y de nuestra familia. La manera como tratamos a la gente con dignidad, hospitalidad y compasión refleja la manera como fuimos educados en la fe.

Pregúntate hoy: "¿Reflejo que soy hijo o hija de Dios con mis acciones, palabras y mi trabajo?".

Isaías 49:8–15
Salmo 145:8–9,13cd–14,17–18
Juan 5:17–30

Jueves

30 DE MARZO

"Yo no busco la gloria que viene de los hombres; es que los conozco y sé que el amor de Dios no está en ellos. Yo he venido en nombre de mi Padre y ustedes no me han recibido".
—JUAN 5:42–43

Si Jesús estuviera parado frente a ti, ¿lo reconocerías o lo rechazarías?

Muchos somos bendecidos porque tuvimos un buen aprendizaje en la fe. Tuvimos una mamá, un papá o una abuelita que fue nuestro catequista principal. Mediante el ejemplo y el estímulo nos enseñó a relacionarnos con Dios. Nos enseñó a reconocer y a recibir a Dios que está en medio de nosotros.

¿Quiénes han sido tus catequistas principales? Dales gracias por ser testigos de fe y hónralos viviendo una vida de fe cristiana.

Éxodo 32:7–14
Salmo 106:19–20,21–22,23
Juan 5:31–47

Viernes
31 DE MARZO

"Miren cómo habla libremente y no le dicen nada. ¿Será que los jefes se han convencido de que es el Mesías? Pero nosotros sabemos de dónde viene éste; en cambio, cuando llegue el Mesías, nadie sabrá de dónde viene".
—JUAN 7:26–27

¿Te percatas de la esencia de una persona cuando la juzgas de inmediato?

Pensemos en todas las cosas maravillosas que perdemos cuando nos empecinamos en juzgar. La madre Teresa dijo una vez: "El juzgar a los demás no nos deja crecer, pero el amor nos acerca a Dios".

Evoca a las personas con las que te cruzaste en las últimas 24 horas. Qué hubo más, ¿momentos en los que juzgaste o momentos en los que amaste? En oración, pide que en las próximas 24 horas tengas ojos que amen en vez de ojos que juzguen.

Sabiduría 2:1a,12–22
Salmo 34:17–18,19–20,21 y 23
Juan 7:1–2,10,25–30

Sábado
1 DE ABRIL

"¿No dice la Escritura que el Mesías vendrá de la familia de David, y de Belén, el pueblo de David?".
—JUAN 7:42

En una época viví en la ciudad de Nueva York, donde había muchos vagabundos. Al principio los juzgaba, pensando que solo querían dinero para comprar alcohol. Cuando empecé a conocerlos y a compartir sus historias, nos hicimos amigos. Platicábamos regularmente y hasta llegamos a comer juntos. Los llegué a querer y sentí que ellos también se encariñaron conmigo. Ellos me enseñaron que cuando juzgamos y apartamos a la gente, perdemos la oportunidad de amar a Dios y de ser amados por él. En cierto sentido ellos encarnan el amor de Jesús y su estilo libre de vida.

No juzgues a los demás. Tómate el tiempo para escuchar sus historias, y así encontrar oportunidades de amar a Dios y dejarte amar por él.

Jeremías 11:18–20
Salmo 7:2–3,9bc–10,11–12
Juan 7:40–53

Domingo

2 DE ABRIL

• V DOMINGO DE CUARESMA •

"Yo soy la resurrección y la vida. El que cree en mí, aunque haya muerto, vivirá; y todo aquel que está vivo y cree en mí, no morirá para siempre. ¿Crees tú esto?".
—JUAN 11:25–26

Ponte en la presencia de Dios, oración preparatoria, lectura, contemplación, diálogo, oración final.

Lázaro tenía tres días muerto, y Jesús proclamaba que aquellos que creyeran en él no morirían, sino que vivirían. Entonces pregunta a Marta: "¿Crees tú eso?", y ella recuerda su creencia en Jesús como el Mesías.

Adéntrate en el pasaje de las Escrituras y observa la reacción de las personas. Siéntate con Marta y pregúntale: "¿Realmente creías que Jesús podía hacer algo? ¿Cómo puedo acrecentar mi fe?". Marta te pregunta: "¿Crees en la Resurrección de Jesús? ¿Piensas en un ser querido que ha fallecido?".

¿Cómo terminarías esta conversación? Repasa tus pensamientos y emociones. Padre nuestro. . . .

Ezequiel 37:12–14
Salmo 130:1–2,3–4,5–6,7–8
Romanos 8:8–11
Juan 11:1–45 o 11:3–7,17,20–27,33b–45

Lunes
3 DE ABRIL

Entonces Jesús se enderezó y le preguntó: "Mujer, ¿dónde están los que te acusaban? ¿Nadie te ha condenado?". Ella le contestó: "Nadie, Señor". Y Jesús le dijo: "Tampoco yo te condeno. Vete y ya no vuelvas a pecar".
—Juan 8:10–11

¿Cómo llega la misericordia a tu vida?

De acuerdo con la ley, la mujer del Evangelio debió haber sido apedreada. Sin embargo fue testigo de la misericordia encarnada cuando Jesús le dijo "vete y ya no vuelvas a pecar". La misericordia de Dios es más grande y va más allá de cualquier pecado. El papa Francisco describe la misericordia como el sol: "Cuando vemos al cielo, hay muchas, muchas estrellas; pero cuando el sol sale en la mañana, hay tanta luz que no podemos ver las estrellas. La misericordia de Dios es como eso: una gran luz de amor y de ternura".

Sé una persona de misericordia.

Daniel 13:1–9,15–17,19–30,33–62 o 13:41c–62
Salmo 23:1–3a, 3b–4,5,6
Juan 8:1–11

Martes
4 DE ABRIL

• SAN ISIDORO, OBISPO Y DOCTOR DE LA IGLESIA •

"El que me envió está conmigo y no me ha dejado solo, porque yo hago siempre lo que a él le agrada".
—JUAN 8:28–29

¿El Padre, el Hijo, el Espíritu Santo y tú?

Jesús describe la relación íntima que tiene con el Padre como una comunión que los une y los comunica. Él nos invita a ser parte de esa relación y a experimentar la intimidad de ese amor. Somos muy privilegiados en ser parte de la relación entre el Padre, el Hijo y el Espíritu Santo. En respuesta, te invito a que saques tiempo para ser parte de esa comunión y cultives esa relación.

Hoy en oración, no pidas nada. Limítate a estar presente para sentir el amor de Dios.

Números 21:4–9
Salmo 102:2–3,16–18,19–21
Juan 8:21–30

Miércoles
5 DE ABRIL

• SAN VICENTE FERRER, PRESBÍTERO •

En aquel tiempo, Jesús dijo a los que habían creído en él: "Si se mantienen fieles a mi palabra, serán verdaderos discípulos míos, conocerán la verdad y la verdad los hará libres".
—JUAN 8:31–32

¿Qué te distrae de la verdad?

Siempre estamos buscando ser mejores y encontrar significado en nuestra vida. Sin embargo, la sociedad nos distrae de la verdad y de las cosas que realmente importan. Vivimos ocupados, con ruido a nuestro alrededor, los ojos pegados a la pantalla y poco tiempo para descansar. Si seguimos a Jesús y sus pasos, no dejaremos que nada nos distraiga y encontraremos la verdad. Como resultado, nuestra vida cambiará.

Reflexiona sobre las cosas que te distraen y reza por claridad para ver el camino que lleva hacia la verdad.

Daniel 3:14–20,91–92,95
Daniel 3:52,53,54,55,56
Juan 8:31–42

Jueves
6 DE ABRIL

Los judíos le replicaron: "No tienes ni cincuenta años, ¿y has visto a Abraham?". Les respondió Jesús: "Yo les aseguro que desde antes que naciera Abraham, Yo Soy".
—JUAN 8:57–58

¿Te maravillas ante el misterio de Jesús?

Jesús es diferente a nosotros. Su divinidad lo hace vivir más allá de la condición humana, pero su divinidad es accesible. ¡Maravilla el solo pensarlo! Podemos pararnos frente al Creador, el todo poderoso, el soberano, la luz que vino al mundo, la encarnación de la misericordia y del amor. Él quiere acercarse y estar en todas las situaciones y circunstancias de nuestra vida.

Reflexiona sobre la accesible divinidad de Jesús y maravíllate ante su misterio. Alaba a Dios durante todo el día.

Génesis 17:3–9
Salmo 105:4–5,6–7,8–9
Juan 8:51–59

Viernes
7 DE ABRIL

• SAN JUAN BAUTISTA DE LA SALLE, PRESBÍTERO •

"Soy Hijo de Dios. Si no hago las obras de mi Padre, no me crean. Pero si las hago, aunque no me crean a mí, crean a las obras".
—JUAN 10:37–38

¿Cómo das testimonio de las obras de Dios?

Algo increíble está pasando alrededor del mundo. La gente se está comprometiendo a ayudar a los demás, especialmente a los pobres. Hay muchos que están ayudando a los enfermos en las clínicas, enseñando en pueblos remotos, construyendo casas en las colonias pobres, enseñando a los campesinos a cultivar mejor la tierra, capacitando a las mujeres para empezar su propio negocio y cuidando de los moribundos.

Jesús viene del Padre, dando testimonio de su obra con su vida y milagros. Es así como sabemos que viene de Dios. En nuestro servicio a los demás, la gente sabrá que la obra de Jesús continúa.

Pon tus dones al servicio de los demás y da testimonio de la obra de Dios entre nosotros.

Jeremías 20:10–13
Salmo 18:2–3a, 3bc–4,5–6,7
Juan 10:31–42

Sábado
8 DE ABRIL

*Por lo tanto, desde aquel día tomaron la decisión de matarlo.
Por esta razón, Jesús ya no andaba públicamente entre los judíos, sino que se retiró a la ciudad de Efraín.*
—JUAN 11:53–54

¿Alguna vez has conspirado contra Dios?

No hay manera de suavizarlo: los líderes religiosos vieron en Jesús una amenaza y organizaron un complot para matarlo. En nuestros días aún hay complots contra la obra de Dios; aún hay maneras de pensar o de vivir que son contrarias al mensaje de Jesucristo. A veces, nosotros mismos participamos de ese complot siendo racistas, elitistas y despreciando a las personas, o dejándonos llevar por la avaricia o el egoísmo.

Reflexiona de manera crítica acerca de cuáles de tus palabras y acciones pueden ir en contra de la obra de Dios. En oración, pide ayuda a Dios.

Ezequiel 37:21–28
Jeremías 31:10,11–12abcd,13
Juan 11:45–56

Domingo
9 DE ABRIL

• DOMINGO DE RAMOS DE LA PASIÓN DEL SEÑOR •

La gente, muy numerosa, extendía sus mantos por el camino; algunos cortaban ramas de los árboles y las tendían a su paso.
—MATEO 21:9

¿Evades o enfrentas tus problemas?

Hoy es un momento clave en la Pasión, Muerte y Resurrección de Jesús. En Jerusalén había un complot para matar a Jesús, y aun así él no tenía miedo de enfrentar su destino. Aunque iba a ser crucificado, no sería el final de su vida y de su misión. Él quiso enfrentar los poderes del mundo, la fuerza del pecado y la oscuridad, aunque lo clavaran en la cruz.

Jesús nos muestra cómo enfrentar nuestro destino y nuestros demonios. Necesitamos ver que, más allá de las tribulaciones, está la gloria de Dios. Nuestro futuro va más allá y está lleno de la gloria y la victoria de Dios.

No evites enfrentar tus problemas y miedos. Jesús te invita a enfrentarlos con la promesa de la gloria futura.

Mateo 21:1–11
Isaías 50:4–7
Salmo 22:8–9,17–18,19–20,23–24
Filipenses 2:6–11
Mateo 26:14—27:66 o 27:11–54

Lunes
10 DE ABRIL

María tomó entonces una libra de perfume de nardo auténtico, muy costoso, le ungió a Jesús los pies con él y se los enjugó con su cabellera, y la casa se llenó con la fragancia del perfume.
—JUAN 12:3

¿Qué acto de amor ofrecerás esta semana?

Los hispanos vivimos la Semana Santa con el corazón. Hay muchos testimonios que así lo demuestran: el Vía Crucis en Nicaragua, las alfombras y procesiones en Guatemala, las largas procesiones diurnas en Bolivia y el drama de la pasión y el pésame a la Virgen en muchas parroquias. A través de estos eventos podemos caminar con Jesús y ofrecerle algunos actos de amor, como la unción de María Magdalena.

Comprométete a caminar con Jesús esta semana, participando en un evento hispano de Semana Santa.

Isaías 42:1–7
Salmo 27:1,2,3,13–14
Juan 12:1–11

Martes
11 DE ABRIL

Jesús le contestó: "¿Conque darás tu vida por mí? Yo te aseguro que no cantará el gallo, antes de que me hayas negado tres veces".
—JUAN 13:38

¿Entiende Jesús el abandono?

Jesús se dio completamente. Fue amoroso, misericordioso, indulgente e inclusivo. Aun así, al final, cuando se preparaba para enfrentar la muerte, Judas lo traicionó y Pedro lo negó. Jesús supo lo que es el abandono, y por eso se identifica con nosotros cuando nos sentimos solos, abandonados, traicionados o rechazados. Quizás nos dio la espalda un amigo cercano, o fuimos rechazados en el trabajo o en la iglesia, o nos traicionó nuestra pareja. Como quiera que sea, Jesús nos entiende.

En oración, compartamos con Jesús las heridas del rechazo, del abandono o de la traición. Dejemos que él nos abrace y nos salve con su gracia.

Isaías 49:1–6
Salmo 71:1–2,3–4a,5ab–6ab,15 y 17
Juan 13:21–33,36–38

Miércoles
12 DE ABRIL
• MIÉRCOLES DE LA SEMANA SANTA •

"Yo les aseguro que uno de ustedes va a entregarme". Ellos se pusieron muy tristes y comenzaron a preguntarle uno por uno: "¿Acaso soy yo, Señor?".
—MATEO 26:21–22

¿Llegarías a traicionar a Jesús?

Judas traicionó a Jesús y nunca se arrepintió. Se encerró en sí mismo y se quitó la vida.

Cuando nos encerramos en nosotros mismos en vez de dirigirnos a Dios, terminamos en la oscuridad, desesperanzados, vacíos y desorientados. Hay situaciones en la vida que nos pueden llevar a encerrarnos, pero en esos momentos debemos dirigirnos a Jesús. En las palabras del papa Francisco encontramos que "cuando tomamos un paso hacia Jesús, nos damos cuenta que él ya estaba ahí, esperando por nosotros con los brazos abiertos".

Siéntate en el regazo de Jesús y deja que él te recuerde su constante presencia y amor, aun en las situaciones más oscuras.

Isaías 50:4–9a
Salmo 69:8–10,21–22,31 y 33–34
Mateo 26:14–25

Jueves
13 DE ABRIL
• JUEVES SANTO •

"Les he dado ejemplo, para que lo que yo he hecho con ustedes, también ustedes lo hagan".
—Juan 13:15

Ponte en la presencia de Dios, oración preparatoria, lectura, contemplación, diálogo, oración final.

En la Última Cena, Jesús lavó los pies de sus discípulos para enseñarnos el camino de servicio a través de esta humilde tarea. Nos enseña que el servicio es el corazon del Evangelio cristiano y nos llama igual que a sus discípulos.

Adéntrate en el pasaje de las Escrituras y observa a Jesús. Él te pregunta: "¿Me permitirías lavarte los pies? ¿Puedes mostrar en tu vida mi amor y misericordia sirviendo a los demás? ¿Cómo lo harías?". Respóndele: "¡Quiero servir a los demás! ¿Me enseñarás? ¿Me ayudarás? ¿Me guiarás?"

¿Cómo terminarías esta conversación? Repasa tus pensamientos y emociones. Padre nuestro. . . .

MISA CRISMAL:
Isaías 61:1–3a,6a,8b–9
Salmo 89:21–22,25,27
Apocalipsis 1:5–8
Lucas 4:16–21

MISA VESPERTINA DE LA CENA DEL SEÑOR:
Éxodo 12:1–8,11–14
Salmo 116:12–13,15–16bc,17–18
1 Corintios 11:23–26
Juan 13:1–15

Viernes
14 DE ABRIL

• VIERNES SANTO DE LA PASIÓN DEL SEÑOR •

Jesús probó el vinagre y dijo: "Todo está cumplido". E, inclinando la cabeza, entregó el espíritu.
—JUAN 19:30

Jesús amó íntimamente, cargó la cruz y se ofreció completamente. Su sacrificio no es acerca del sufrimiento, sino de un amor completo, gratuito e incondicional. Nadie tiene un amor más grande que el que da la vida por sus amigos.

¡El amor es victorioso!

Isaías 52:13—53:12
Salmo 31:2,6,12–13,15–16,17,25
Hebreos 4:14–16;5:7–9
Juan 18:1—19:42

Sábado
15 DE ABRIL
• SÁBADO SANTO •

"No está aquí; ha resucitado, como lo había dicho. Vengan a ver el lugar donde lo habían puesto".
—MATEO 28:6

¿Te consideras una persona que tiene esperanza?

Hay un dicho que dice: "No hay mal que por bien no venga". Por tres días Jesús estuvo en la tumba. Los sueños y las esperanzas de sus seguidores parecían haberse desvanecido. Mas Jesús se levantó victorioso de entre los muertos y con ello revivió la esperanza. Como seguidores de Jesús, seguimos proclamando que la última palabra no la tiene la muerte, sino la vida.

Como el dicho nos enseña, podemos tener la confianza de que, aunque nuestro futuro esté lleno de pruebas, será superado con la resurrección victoriosa de Jesús.

¡Ten fe en tu futuro!

VIGILIA DE PASCUA:
Génesis 1:1—2:2 o 1:1,26–31a
Salmo 104:1–2,5–6,10,12,13–14,24,35 o
33:4–5,6–7,12–13,20–22
Génesis 22:1–18 o 22:1–2,9a,10–13,15–18
Salmo 16:5,8,9–10,11
Éxodo 14:15—15:1
Isaías 54:5–14
Salmo 30:2,4,5–6,11–12,13
Isaías 55:1–11
Baruc 3:9—15,32–4:4
Salmo 19:8,9,10,11
Ezequiel 36:16–17a,18–28
Salmo 42:3,5;43:3,4 o Isaías 12:2–3,4bcd,5–6
o Salmo 51:2–13,14–15,18–19
Romanos 6:3–11
Salmo 118:1–2,16–17,22–23
Mateo 28:1–10

Domingo
16 DE ABRIL
• DOMINGO DE PASCUA DE LA RESURRECCIÓN DEL SEÑOR •

Entonces entró también el otro discípulo, el que había llegado primero al sepulcro, y vio y creyó.
—JUAN 20:8

¿Eres una persona de resurrección?

Con la Resurrección pascual vivimos en la era de la victoria de Jesús. Somos gente pascual que creemos eso. A pesar de la oscuridad y la maldad del mundo, podemos superarlas porque hay más gracia y victoria en nuestra vida. San Pablo dice: "Donde abundó el pecado, sobreabundó la gracia". Al final Jesús es victorioso.

Vive como una persona de resurrección, con la confianza de la gracia y la resurrección victoriosa en tu vida. Sé una persona confiada, optimista, esperanzada y emocionada por la vida. Tienes más poder del que piensas para hacer grandes cosas en tu vida, tu Iglesia y tu mundo.

Hechos 10:34a,37–43
Salmo 118:1–2,16–17,22–23
Colosenses 3:1–4 o 1 Corintios 5:6b–8
Juan 20:1–9 o Mateo 28,1–10
O, en una misa por la tarde o por la noche,
Lucas 24:13–35

Lunes
17 DE ABRIL
• OCTAVA DE PASCUA •

[Jesús dijo:] "No tengan miedo. Vayan a decir a mis hermanos que se dirijan a Galilea. Allá me verán".
—MATEO 28:10

¿Cómo enfrentas lo desconocido?

La vida es un misterio maravilloso cuando Dios es parte de ella, pero puede ser confusa y complicada cuando la vivimos sin Dios. Es duro enfrentar una muerte, una enfermedad imprevista, un divorcio, la pérdida de trabajo o un problema similar. Esos momentos nos llenan de miedo, dudas y confusión. Pero con la Resurrección, estos momentos pueden ser momentos de nueva gracia y gran paz. Jesús nos dice "no tengan miedo" porque estará con nosotros siempre. Jesús nunca nos abandona.

Repite las palabras de Jesús en tu mente: "no tengas miedo". Hazlo especialmente en los momentos difíciles, sabiendo que Dios te acompaña.

Hechos 2:14,22–33
Salmo 16:1–2a y 5,7–8,9–10,11
Mateo 28:8–15

Martes
18 DE ABRIL
• OCTAVA DE PASCUA •

[Jesús le dijo:] "¡María!". Ella se volvió y exclamó: "¡Rabuní!", que en hebreo significa "maestro".
—JUAN 20:16

Ponte en la presencia de Dios, oración preparatoria, lectura, contemplación, diálogo, oración final.

María Magdalena se quedó afuera de la tumba llorando. Estaba en oscuridad, por eso no podía ver, oír o reconocer a Jesús frente a ella, hasta que escuchó su voz.

Adéntrate en este pasaje de las Escrituras y pon atención al momento en el que escucha su nombre. Siéntate con ella. Pregúntale: "¿Me contarías esta experiencia en tus propias palabras? ¿Cómo te sientes ahora al reconocerlo?". Ella te pregunta: "¿Alguna vez has estado en la oscuridad, tan atrapado en tus emociones que no veías a Jesús frente a ti? ¿Crees que Jesús está contigo en esos momentos?".

¿Cómo terminarías esta conversación? Repasa tus pensamientos y emociones. Padre nuestro. . . .

Hechos 2:36–41
Salmo 33:4–5,18–19,20 y 22
Juan 20:11–18

Miércoles
19 DE ABRIL
• OCTAVA DE PASCUA •

Y ellos se decían el uno al otro: "¡Con razón nuestro corazón ardía, mientras nos hablaba por el camino y nos explicaba las Escrituras!".
—LUCAS 24:32

¿Buscas a Jesús?

Imagina a los dos discípulos caminando con Jesús por la calzada de Emaús. Imagina lo que fue descubrir que era Jesús quien caminaba con ellos. Ellos exclamaron: "¡Con razón nuestro corazón ardía!". Jesús continúa caminando con nosotros hoy en nuestra jornada por la vida. También tenemos la experiencia de descubrirlo cuando estamos abiertos a verlo en los demás, especialmente en los pobres, los que sufren, los marginados, los inmigrantes, los trabajadores agrícolas, la servidumbre y los prisioneros. Lo podemos encontrar en los lugares más inesperados.

¡Busca a Jesús! Él está cerca de ti. ¡Tu corazón también arderá con la presencia del Señor resucitado!

Hechos 3:1–10
Salmo 105:1–2,3–4,6–7,8–9
Lucas 24:13–35

Jueves
20 DE ABRIL
• OCTAVA DE PASCUA •

Mientras hablaban de esas cosas, se presentó Jesús en medio de ellos y les dijo: "La paz esté con ustedes".
—LUCAS 24:36

¿Eres una persona de paz?

Las primeras palabras de Jesús después de su Resurrección fueron: "La paz esté con ustedes". Es así como él nos muestra su presencia como un Dios de paz. Esta paz no es la ausencia de guerra o de violencia, sino la presencia perdurable del Señor resucitado.

Ahora podemos vivir en paz entre nosotros y hacer que nuestro mundo goce de paz. ¡Seamos personas pacíficas! No guardemos rencores ni alberguemos egoísmo; borremos el racismo de nuestro corazón y olvidemos los odios. Perdonemos cuando nos ofenden y no contraataquemos con palabras o acciones maliciosas. Ante todo, respondamos con amor. . . Solo así la paz de Jesús reinará en nuestro corazón.

Hechos 3:11–26
Salmo 8:2ab y 5,6–7,8–9
Lucas 24:35–48

Viernes
21 DE ABRIL
• OCTAVA DE PASCUA •

Simón Pedro les dijo: "Voy a pescar".
—JUAN 21:3

¿Alguna vez has hecho eso, retomar viejos hábitos después de un momento difícil?

Imagina que san Ignacio escucha las palabras de Pedro y luego le dice: "No regreses a una decisión que tomaste en consolación (cuando sentías cerca la presencia de Dios), si ahora te encuentras en desolación (cuando sientes la ausencia de Dios). Escogiste un estilo de vida como discípulo movido por su mensaje de amor y lo dejaste todo. Sé que estás asustado, negaste a Jesús y ahora él está muerto. Así que tu respuesta automática es decir 'voy a pescar' y retomar tus viejos hábitos".

San Ignacio te diría a ti que antes de tomar una decisión sigas a Jesús con todo tu corazón. Te aconsejaría que cuando las cosas sean difíciles, en vez de retomar viejos hábitos, te sumerjas más en la oración y que no sueltes a Jesús.

Hechos 4:1–12
Salmo 118:1–2 y 4,22–24,25–27a
Juan 21:1–14

Sábado
22 DE ABRIL
• OCTAVA DE PASCUA •

Después de esto, se apareció en otra forma a dos discípulos, que iban de camino hacia una aldea. También ellos fueron a anunciarlo a los demás; pero tampoco a ellos les creyeron.
—MARCOS 16:12–13

¿Reconoces a Jesús en la creación?

Hay una historia de un indígena que fue a la ciudad de Nueva York, escuchó el canto de un grillo en pleno Times Square y se detuvo hasta encontrarlo. A pesar del ruido de la ciudad escuchó y encontró al grillo porque sus oídos estaban en sintonía con la creación.

En *Laudato Si*, el papa Francisco nos reta a cuidar de nuestra casa común. Nos recuerda nuestra relación con Dios, la creación y la gente de este mundo.

¡Celebra el día de la Tierra! Afina tus oídos para escuchar a la creación de Dios y a todas sus criaturas. Reconoce a Jesús frente a ti y haz lo que te corresponde en el cuidado de nuestra casa común.

Hechos 4:13–21
Salmo 118:1 y 14–15ab,16–18,19–21
Marcos 16:9–15

Domingo
23 DE ABRIL

• II DOMINGO DE PASCUA (O DOMINGO DE LA DIVINA MISERICORDIA) •

Luego le dijo a Tomás: "Aquí están mis manos; acerca tu dedo. Trae acá tu mano, métela en mi costado y no sigas dudando, sino cree".
—JUAN 20:26

Ponte en la presencia de Dios, oración preparatoria, lectura, contemplación, diálogo, oración final.

Jesús se apareció a sus discípulos, pero Tomás no estaba presente y le fue difícil creer. Por eso se le conoce como "Tomás, el incrédulo".

Hazte presente en el momento en el que Tomás se encuentra con Jesús y pone su dedo en la llaga. Siéntate con Tomás. Pregúntale: "¿Piensas que el ser incrédulo puede tener algo positivo? ¿Puede la duda llevarme a reflexionar, preguntar y entender a un nivel más profundo?". Él te dice: "¿Estás dispuesto a reflexionar y estudiar para descubrir algo más?".

Cuando dudes, ve a Jesús.

¿Cómo terminarías esta conversación? Repasa tus pensamientos y emociones. Padre nuestro. . . .

Hechos 2:42–47
Salmo 118:2–4,13–15,22–24
1 Pedro 1:3–9
Juan 20:19–31

Lunes
24 DE ABRIL

• SAN FIDEL DE SIGMARINGA, PRESBÍTERO Y MÁRTIR •

Le respondió Jesús: "Yo te aseguro que el que no nace del agua y del Espíritu, no puede entrar en el Reino de Dios".
—JUAN 3:5

¿Estas orgulloso de ser católico?

Nuestra identidad católica se sella en las aguas bautismales. Algunos recibimos un nombre de santo como inspiración para nuestra vida. Esta identidad religiosa nos llama a seguir el estilo de vida de Jesús. En otras palabras, cuando la gente nos ve, puede ver algo de Jesús en nosotros. Tenemos una identidad y un llamado muy importante para dar a conocer la obra sagrada de Cristo Jesús. La tecnología nos puede ayudar a Evangelizar, por supuesto, pero es con nuestra vida como hacemos el mensaje de Jesús más creíble para nuestro mundo.

Muestra públicamente el orgullo hacia tu identidad católica. Lee la vida de tu santo favorito e imita una de sus virtudes.

Hechos 4:23–31
Salmo 2:1–3,4–7a,7b–9
Juan 3:1–8

Martes
25 DE ABRIL

• SAN MARCOS, EVANGELISTA •

El Señor Jesús, después de hablarles, subió al cielo y está sentado a la derecha de Dios.
—MARCOS 16:19

¿Confías en Dios?

A mucha gente le gusta apostarle a la suerte. Pero la vida no se trata de suerte sino del cumplimiento del plan de Dios. Esto se hace evidente con la gloriosa Asunción del Señor. Jesús cumplió su misión y por eso ascendió al cielo. Así será con nosotros: cuando cumplamos nuestra misión, se nos dará la gloria. La suerte depende del juego. La gloria depende de la fe en que Dios está obrando en nuestra vida para que en nosotros se cumplan sus planes.

Con gran confianza renueva tu fe en los planes de Dios en tu vida. Confía en que Dios desea hacer grandes cosas por ti y que te tiene preparada la gloria.

1 Pedro 5:5b–14
Salmo 89:2–3,6–7,16–17
Marcos 16:15–20

Miércoles
26 DE ABRIL

"En cambio, el que obra el bien conforme a la verdad se acerca a la luz, para que se vea que sus obras están hechas según Dios".
—JUAN 3:21

¿Compartes tu luz con los demás?

En las Escrituras, la luz es un símbolo significativo que describe a Jesús: "la luz que vino al mundo". Por largo tiempo la luz ha estado entre nosotros alumbrando nuestros pasos y nuestro caminar. Somos portadores de esa luz, con la encomienda de cuidarla y compartirla con los demás. San Ignacio la interpretaba de esta manera: *Ite inflammate Omnia*, "un fuego que enciende otros fuegos". Así pues, somos llamados a encender otros fuegos con el amor de Dios.

Comparte ese fuego con las personas que te rodean. Sé la luz que ofrece esperanza, ánimo y verdad en Cristo Jesús.

Hechos 5:17–26
Salmo 34:2–3,4–5,6–7,8–9
Juan 3:16–21

Jueves
27 DE ABRIL

"El que viene del cielo está por encima de todos".
—Juan 3:31

¿Cuál es tu meta en la vida?

Mi abuela siempre me decía que me alistara para ir al cielo. Esa es nuestra última meta en la vida: llegar a la eternidad con Dios y con nuestros seres queridos. Cuando el cielo es nuestra meta, esto nos motiva a vivir cerca de Dios aquí en la Tierra. Todavía no sabemos cómo es el cielo, pero cuando vivimos cerca de Dios, tenemos una probadita de lo que ha de venir. Para tener rumbo en la vida, necesitamos tener el cielo presente en nuestra manera de vivir. ¡Anticipemos el cielo! Así podremos descubrirlo en nuestro diario vivir a medida que nos acercamos a la gloria prometida en la vida eterna.

¿Cómo te alistarás tú para ir al cielo?

Hechos 5:27–33
Salmo 34:2 y 9,17–18,19–20
Juan 3:31–36

Viernes
28 DE ABRIL

• SAN PEDRO CHANEL, PRESBÍTERO Y MÁRTIR * SAN LUIS GRIGNION DE MONTFORT, PRESBÍTERO •

"Aquí hay un muchacho que trae cinco panes de cebada y dos pescados. Pero, ¿qué es eso para tanta gente?".
—Juan 6:9

Ponte en la presencia de Dios, oración preparatoria, lectura, contemplación, diálogo, oración final.

Adéntrate en las Escrituras como si nunca hubiéramos escuchado este pasaje. Observa cómo Jesús toma la pequeña ofrenda del muchacho y la multiplica en alimento suficiente para miles, y aun así quedan sobrantes.

Pregúntale a Jesús: "¿De verdad puedes tomar lo poco que tengo para alimentar a la gente? Algunas veces me da miedo pensar que lo que tengo no es suficiente. ¿Me puedes ayudar a confiar?".

A su vez, Él te pregunta: "¿Qué hubiera pasado si el muchacho no hubiera ofrecido su comida? ¿Tienes fe y confías en mí?".

¿Cómo terminarías esta conversación? Repasa tus pensamientos y emociones. Padre nuestro. . . .

Hechos 5:34–42
Salmo 27:1,4,13–14
Juan 6:1–15

Sábado
29 DE ABRIL

• SANTA CATALINA DE SIENA, VIRGEN Y DOCTORA DE LA IGLESIA •

Cuando habían avanzado unos cinco o seis kilómetros, vieron a Jesús caminando sobre las aguas, acercándose a la barca, y se asustaron. Pero él les dijo: "Soy yo, no tengan miedo".
—JUAN 6:19–20

¿Cómo hubieras reaccionado tú al ver a Jesús caminando sobre las aguas?

El agua es una de las fuerzas más poderosas. Sus efectos devastadores se ven en variadas formas: tsunamis, huracanes, inundaciones. Aunque el agua puede ser un símbolo de destrucción, Jesús nos demuestra que él es más poderoso cuando camina sobre las aguas y calma la tormenta.

Tengamos confianza en que Dios es más poderoso que cualquier fuerza de la naturaleza, incluyendo el mal y la oscuridad del mundo. Comparte con Jesús los problemas que te puedan estar agobiando. Puedes estar seguro de que el poder de Jesucristo es más grande que cualquier situación adversa.

Hechos 6:1–7
Salmo 33:1–2,4–5,18–19
Juan 6:6–21

Domingo

30 DE ABRIL

• III DOMINGO DE PASCUA •

Y comenzando por Moisés y siguiendo con todos los profetas, les explicó todos los pasajes de la Escritura que se referían a él.
—LUCAS 24:27

¿Has encontrado a Jesús en la Biblia?

Mientras caminaba por la calzada de Emaús con dos de sus discípulos, Jesús interpreta las Escrituras y revela así su identidad y su misión. Las Escrituras siguen siendo hoy en día el corazón para entender a Jesús y su misión. Por esta razón es importante que nos familiaricemos con ellas y que abramos la mente y el corazón a una revelación profunda de Jesús.

Sitúate en la calzada de Emaús y escucha a Jesús interpretar las Sagradas Escrituras. Aprende a meditar sobre ellas y permite que inspiren tu vida. Te invito a unirte a un grupo de estudio de la Biblia para comprender y adquirir un nuevo entendimiento de Jesús.

Hechos 2:14,22–33
Salmo 16:1–2,5,7–8,9–10,11(11a)
1 Pedro 1:17–21
Lucas 24:13–35

Lunes
1 DE MAYO
• SAN JOSÉ OBRERO •

"¿Acaso no es éste el hijo del carpintero? ¿No se llama María su madre y no son sus hermanos Santiago, José, Simón y Judas?".
—MATEO 13:55

¿Es santo el trabajo que haces?

Nuestros padres trabajaron para cubrir nuestras necesidades, pero su trabajo fue más que eso. Ellos sabían que también estaban realizando la obra de Dios. Su trabajo fue santo, porque no los motivaba únicamente el dinero sino el bien de otros. Esta noción infunde dignidad a todos los trabajadores. Nosotros somos la mano y el corazón de Dios obrando en la Tierra. Cuando alguien más se beneficia con lo que hacemos, Dios bendice nuestro trabajo y produce bendiciones.

Pide a Dios que bendiga tu trabajo para que sea una bendición para todos.

San José, ruega por nosotros.

Hechos 6:8–15
Salmo 119:23–24,26–27,29–30
Juan 6:22–29
O, para el Memorial, Mateo 13:54–58

⇒ 156 ⇐

Martes
2 DE MAYO

• SAN ATANASIO, OBISPO Y DOCTOR DE LA IGLESIA •

Entonces le dijeron: "Señor, danos siempre de ese pan". Jesús les contestó: "Yo soy el pan de la vida".
—JUAN 6:34–35

Ponte en la presencia de Dios, oración preparatoria, lectura, contemplación, diálogo, oración final.

El pan es esencial para vivir. Jesús, el pan de vida, es un regalo del cielo. Es la comunión con Dios y con los demás. La Eucaristía es el nutriente que da vida al mundo y satisface todas las necesidades de la humanidad.

Adéntrate en este pasaje de las Escrituras y observa a Jesús hablar del pan de vida. Siéntate con Jesús. Él te pregunta: "¿Qué escuchas? ¿Qué significa para ti la Eucaristía?". Responde: "Con la vida que me das en cada Eucaristía, ¿cómo puedo yo ser pan para a los demás? ¿Puedes ayudarme a fortalecer mi fe y entendimiento del poder salvífico del pan de vida?".

¿Cómo terminarías esta conversación? Repasa tus pensamientos y emociones. Padre nuestro. . . .

Hechos 7:51—8:1a
Salmo 31:3CD–4,6 y 7b y 8a,17 y 21ab
Juan 6:30–35

Miércoles

3 DE MAYO

• SAN FELIPE Y SAN SANTIAGO, APÓSTOLES •

"Yo soy el camino, la verdad y la vida. Nadie va al Padre si no es por mí. Si ustedes me conocen a mí, conocen también a mi Padre. Ya desde ahora lo conocen y lo han visto".
—JUAN 14:6–7

El pueblo indígena de los náhuatl creía que la manera de comunicarse y entender las cosas de Dios era a través del corazón. Es a través de *flor y canto*, de danza y poesía, que podemos experimentar el misterio de Dios. El ser humano no puede ser poeta por su propia voluntad si Dios no está en su corazón. En otras palabras, Dios es la inspiración que guía a la persona hacia la verdad. Para muchos de nosotros es fácil encontrar destellos de Dios en nuestro corazón a través de la música, la poesía, el teatro y el baile.

Reflexiona sobre las maneras en las que Dios le habla a tu corazón a través de la poesía de *flor y canto*.

1 Corintios 15:1–8
Salmo 19:2–3,4–5
Juan 14:6–14

Jueves
4 DE MAYO

"Yo soy el pan vivo que ha bajado del cielo; el que coma de este pan vivirá para siempre, y el pan que yo les voy a dar es mi carne para que el mundo tenga vida".
—JUAN 6:51

La mesa es un lugar significativo en nuestra vida. En la iglesia nos juntamos alrededor del altar para recibir la Eucaristía y en la casa nos reunimos alrededor de la mesa para alimentarnos. Para muchas familias hispanas, la comida tiene un significado muy profundo. Por un lado es el momento de reunirnos y alimentarnos, y por otro, es el momento de compartir nuestro día y hablar de la vida. En la comida celebramos no solo los lazos familiares sino el gran banquete que celebraremos en el reino algún día.

Compartamos la comida en familia y enfoquémonos en nutrirnos unos a otros.

Hechos 8:26–40
Salmo 66:8–9,16–17,20
Juan 6:44–51

Viernes

5 DE MAYO

En aquel tiempo, los judíos se pusieron a discutir entre sí: "¿Cómo puede este darnos a comer su carne?".
—JUAN 6:52

¿Rechazas algo cuando no lo entiendes?

En mi parroquia hay un grupo de ballet folclórico integrado por niños con necesidades especiales. En cada presentación lucen hermosos y orgullosos de lo que hacen. Algunos están en silla de ruedas y otros no pueden llevar el ritmo, pero nos ofrecen la oportunidad de apreciarlos, conocerlos y amarlos. Cuando no conocemos a alguien, corremos el riesgo de rechazarlo. En otras palabras, si nunca hemos tenido la oportunidad de conocer a una persona con necesidades especiales, es fácil rechazarla. Pero cuando la conocemos, podemos ver la manera especial en la que Dios ama.

Evita rechazar a alguien por el simple hecho de no entenderlo. ¡Busca la oportunidad de conocerlo!

Hechos 9:1–20
Salmo 117:1BC,2
Juan 6:52–59

Sábado
6 DE MAYO

"Tú tienes palabras de vida eterna; y nosotros creemos y sabemos que tú eres el Santo de Dios".
—JUAN 6:69

Ponte en la presencia de Dios, oración preparatoria, lectura, contemplación, diálogo, oración final.

Muchos de los discípulos habían experimentado milagros. Pero la discusión sobre el pan de vida era difícil de aceptar. Ese fue un momento clave en el discipulado. Algunos no tuvieron valor ni entendimiento, y se fueron.

Adéntrate en este pasaje de las Escrituras. Enfócate en las palabras y expresiones de Pedro cuando Jesús le pregunta "¿Tú también me quieres dejar?". Dile a Pedro: "Vi en tu rostro incertidumbre cuando no podías entender. ¿Cómo te sientes?". Pedro te responde: "¿Cómo te puedes preparar para los momentos en los que te falte valor y entendimiento?".

¿Cómo terminarías esta conversación? Repasa tus pensamientos y emociones. Padre nuestro. . . .

Hechos 9:31–42
Salmo 116:12–13,14–15,16–17
Juan 6:60–69

Domingo
7 DE MAYO
• IV DOMINGO DE PASCUA •

"Yo he venido para que tengan vida y la tengan en abundancia".
—JUAN 10:10

¿Qué amigo cercano está siempre contigo?

El Buen Pastor nos da vida buena en abundancia. La imagen de Jesús como pastor es de protección y promesa. Nos protege de todo mal y nos promete bendiciones. Es como ese amigo íntimo que nunca nos abandona. Todos tenemos problemas, pero contamos con un fiel protector que nos ayuda a levantarnos cuando nos caemos. Y cuando nos levantamos, somos capaces de empezar de nuevo porque Dios nos sostiene y nos ayuda a caminar hacia adelante en nuestra vida.

Vive con esperanza, sabiendo que el Buen Pastor te acompaña. ¡Tu futuro estará lleno de bendiciones!

Hechos 2:14a,36–41
Salmo 23:1–3a,3b–4,5,6(1)
1 Pedro 2:20b–25
Juan 10,1–10

Lunes

8 DE MAYO

"Yo soy el buen pastor, porque conozco a mis ovejas y ellas me conocen a mí, así como el Padre me conoce a mí y yo conozco al Padre. Yo doy la vida por mis ovejas".
—JUAN 10:14–15

Jesús te está llamando a una relación más íntima. ¿Cómo respondes?

Piensa en tu familia cercana: pareja, hijos, hermanos, padres. Piensa en lo bien que los conoces. Sabes cosas especiales de ellos, como su comida favorita, sus alegrías y penas, y la historia de su vida. En el Evangelio, Jesús compara estas relaciones con una oveja. Jesús, el Buen Pastor, habla acerca de la relación íntima y personal que tiene con cada oveja similar a su relación con el Padre. Jesús nos invita a una renovada y cercana relación con él.

El papa Francisco nos lo recuerda: "Siempre que tomamos un paso hacia Jesús, nos damos cuenta de qué él ya está ahí, esperándonos con los brazos abiertos".

Hechos 11:1–18
Salmos 42:2–3;43:3–4
Juan 10:11–18

Martes
9 DE MAYO

"Me las ha dado mi Padre, y él es superior a todos, y nadie puede arrebatarlas de la mano del Padre. El Padre y yo somos uno".
—JUAN 10:29–30

¿Fue Jesús realmente humano?

Piensa en un amigo cercano al que llamas para compartir buenas o malas noticias. ¿No es una bendición tener un amigo así en tu vida? Jesús quiere que seamos sus amigos y por eso se hizo humano. La humanidad de Jesús es muy similar a la nuestra, por lo que entiende nuestra experiencia humana. Él conoce los más profundos sentimientos humanos, como la tristeza y la frustración, el desamparo y el abandono, el enojo y el desconsuelo. Entiende por lo que pasamos y nos quiere acompañar.

Evoca un sentimiento que experimentaste hoy y compártelo con Jesús, sabiendo que él te entiende.

Hechos 11:19–26
Salmo 87:1b–3,4–5,6–7
Juan 10:22–30

Miércoles

10 DE MAYO

• SAN DAMIÁN DE MOLOKAI, PRESBÍTERO •

"Porque yo no he hablado por mi cuenta, sino que mi Padre, que me envió, me ha mandado lo que tengo que decir y hablar".
—JUAN 12:49

¿Deseas lo que Dios desea?

Jesús participó plenamente del plan de Dios y lo siguió paso a paso. De esa misma manera somos llamados a dejar que Dios forme nuestra voluntad. Recuerdo a un joven llamado Natán que demostró esto cuando solicitó una beca. A pesar de querer ganarse la beca, permitió que la voluntad de Dios actuara en su vida. Sus palabras me impresionaron: "Realmente quiero esta beca porque me transformaría a nivel personal y a nivel de mi ministerio. Pero si hay un mejor candidato, elíjanlo a él". Natán no tenía miedo de permitir que Dios lo guiara.

Ajusta tu voluntad a la voluntad de Dios y tus deseos a lo que Dios desea para ti.

Hechos 12:24—13:5a
Salmo 67:2–3,5,6 y 8
Juan 12:44–50

Jueves
11 DE MAYO

"Yo les aseguro: el sirviente no es más importante que su amo, ni el enviado es mayor que quien lo envía. Si entienden esto y lo ponen en práctica, serán dichosos".
—JUAN 13:17

¿Te identifican como discípulo de Jesucristo?

Fuimos creados a imagen de Cristo, para que pudiéramos imitarlo y fuéramos más como él. Como discípulos seguimos las palabras y acciones de Jesús, el gran maestro. Para que amemos como él ama, pensemos como él piensa, busquemos como él busca y actuemos como él actúa. Haciendo eso nos convertimos en la presencia de Jesús en el mundo. Así como el Padre envió a Jesús, Jesús nos envía a cada uno de nosotros para que seamos sus manos, sus pies y su corazón en el mundo.

Seamos verdaderos discípulos imitando al maestro en todo lo que hagamos.

Hechos 13:13–25
Salmo 89:2–3,21–22,25 y 27
Juan 13:16–20

Viernes
12 DE MAYO

• SAN NEREO Y SAN AQUILES, MÁRTIRES • SAN PANCRACIO, MÁRTIR •

Jesús le respondió: "Yo soy el camino, la verdad y la vida. Nadie va al Padre si no es por mí".
—JUAN 14:6

Ponte en la presencia de Dios, oración preparatoria, lectura, contemplación, diálogo, oración final.

Jesús está preparando a sus discípulos para su partida. Les da ánimo, confianza y promesa de fe. Él se va, pero persiste la invitación a seguir su camino y a una íntima unión con él y con el Padre.

Adéntrate en el pasaje de las Escrituras y siéntate con Jesús. Él te pregunta: "¿Qué te preocupa? ¿Tienes fe en Dios y en mí? ¿Me seguirás?". Pregúntale: "¿Estarás siempre conmigo, aunque esté preocupado o asustado? Quiero tener una relación más íntima contigo. ¿Me ayudarás a seguir tu camino y tu verdad de una manera más clara?".

¿Cómo terminarías esta conversación? Repasa tus pensamientos y emociones. Padre nuestro. . . .

Hechos 13:26–33
Salmo 2:6–7,8–9,10–11ab
Juan 14:1–6

Sábado

13 DE MAYO

• NUESTRA SEÑORA DE FÁTIMA •

"Yo les aseguro: el que crea en mí, hará las obras que hago yo y las hará aun mayores, porque yo me voy al Padre".
—JUAN 14:12

¿A qué te está invitando Dios en tu vida?

Jesús nos invita a participar en las grandes obras de Dios. Nuestro llamado es a imitar a Jesús cumpliendo el plan que Dios tiene para cada uno. Jesús nos llama a trabajar para su reino de misericordia, justicia, reconciliación, compasión y paz. Cuando hacemos las obras de Dios, los demás voltean hacia él en vez de quedarse en su vida rutinaria. Nuestras obras inspirarán a otros y les ayudarán a reflexionar sobre su modo de vida, al mismo tiempo que los invitan a abrazar una vida diferente y significativa.

Sé testigo del poder y las obras de Jesucristo en tu vida. Continúa trabajando para ser una persona de misericordia, justicia, reconciliación, compasión y paz.

Hechos 13:44–52
Salmo 98:1,2–3ab,3CD–4
Juan 14:7–14

Domingo
14 DE MAYO
• V DOMINGO DE PASCUA •

Jesús le respondió: "Yo soy el camino, la verdad y la vida. Nadie va al Padre si no es por mí".
—JUAN 14:6

¿Quién te indica el rumbo?

A nuestro alrededor hay señales por todas partes que nos indican qué dirección tomar, dónde detenernos, si hay que empujar la puerta para abrirla, cómo pasar la tarjeta de crédito y hasta cómo enviar un correo electrónico. Sin embargo estas señales no nos llevan a un lugar más profundo en nuestra vida ni nos guían hacia lo que realmente importa.

Nuestra fe nos muestra que Jesucristo es el Camino, la Verdad y la Vida. Imitar la vida de Jesús nos da el rumbo para descubrir un significado más profundo y vivir más plenamente. Esto nos guía a descubrir nuestro camino al Padre.

Cuando te sientas perdido, lleva esa confusión a tu oración y pídele a Dios que te indique el rumbo.

Hechos 6:1–7
Salmo 33:1–2,4–5,18–19(22)
1 Pedro 2:4–9
Juan 14:1–12

Lunes
15 DE MAYO
• SAN ISIDRO LABRADOR •

"Pero el Consolador, el Espíritu Santo que mi Padre les enviará en mi nombre, les enseñará todas las cosas y les recordará todo cuanto yo les he dicho".
—JUAN 14:26

¿Cómo nos transforma el Espíritu?

El Espíritu es el poder de Dios que trabaja en nosotros para transformarnos en la imagen de Jesús. Cuando nos conectamos con los mandamientos y las obras de Jesús, el Espíritu nos enseña a amar. Así que cada vez que amamos, el Espíritu puede transformar nuestro amor en un amor desinteresado que pone las necesidades de otra persona ante nuestros ojos. Esto no es imposible. . . lo podemos comparar a cuando sostenemos por primera vez a un bebé. Nuestro corazón se transforma inmediatamente para amar, y ese amor desinteresado fluye dentro de nosotros.

Deja que el Espíritu te transforme en tu manera de amar. Reza para responder siempre a ese amor.

Hechos 14:5–18
Salmo 115:1–2,3–4,15–16
Juan 14:21–26

Martes
16 DE MAYO

En aquel tiempo, Jesús dijo a sus discípulos: "La paz les dejo, mi paz les doy. No se la doy como la da el mundo. No pierdan la paz ni se acobarden".
—JUAN 14:28

¿Qué te atrae de la gente que vive en paz?

Dios desea que estemos en paz. No nos quiere fracturados, quebrados o limitados. Quiere que nos desarrollemos como seres humanos completos, a imagen y semejanza de Cristo para que podamos experimentar y vivir nuestra vida en paz. La paz que solo Dios ofrece viene de tener una relación con él y de vivir como Cristo. La paz es una de la metas de la vida cristiana, así como el resultado.

Sé una persona de paz, confía en Dios, vive como Jesús y encuentra la paz.

Hechos 14:19–28
Salmo 145:10–11,12–13ab,21
Juan 14:27–31a

Miércoles
17 DE MAYO

"Como el sarmiento no puede dar fruto por sí mismo, si no permanece en la vid, así tampoco ustedes, si no permanecen en mí".
—JUAN 15:4

¿Estás adherido a la vid?

El mejor camino de nuestra vida espiritual es tener una íntima comunión con Dios. Tenemos lazos con Dios, como la viña con el sarmiento. Sin esta conexión, nuestra vida está vacía. Pero cuando nuestra vida está enlazada con la vida con Dios, vivimos en plenitud y producimos frutos de esa unión. Estos frutos son paz, fuerza interior, alegría, añoranza de más vida con Dios, constante oración personal, cuidado compasivo por los demás y un fiel discipulado. Dios es glorificado cuando nosotros damos mucho fruto.

Vayamos a comulgar y vivamos la comunión; así cosecharemos los frutos de esta unión sagrada.

Hechos 15:1–6
Salmo 122:1–2,3–4ab,4cd–5
Juan 15:1–8

Jueves
18 DE MAYO
• SAN JUAN I, PAPA Y MÁRTIR •

"Como el Padre me ama, así los amo yo. Permanezcan en mi amor. Si cumplen mis mandamientos, permanecen en mi amor".
—JUAN 15:9

¿Cómo puedes ser parte de la relación íntima entre el Padre y el Hijo?

Frecuentemente Jesús nos habla del amor íntimo entre él y el Padre al describir la conexión entre ambos como uno solo. Aunque somos invitados a ser parte de esta relación, hay dos cosas importantes que debemos hacer: rezar e imitar a Jesús. Así como la comunicación es importante en una relación, la oración es crítica, o corremos el riesgo de no conocer de Dios. Estamos invitados a imitar a Jesús, pero no podemos imitar a alguien que no conocemos.

Te invito a familiarizarte con los Evangelios, a leerlos en oración con asiduidad, pues es ahí donde vemos el ejemplo de Jesús y la llamada a seguir sus huellas.

Hechos 15:7–21
Salmo 96:1–2a,2b–3,10
Juan 15:9–11

Viernes
19 DE MAYO

No son ustedes los que me han elegido, soy yo quien los ha elegido y los ha destinado para que vayan y den fruto y su fruto permanezca.
—JUAN 15:16

Ponte en la presencia de Dios, oración preparatoria, lectura, contemplación, diálogo, oración final.

En este pasaje se nos muestra la sabiduría de Jesús: este es mi mandamiento, ustedes son mis amigos, yo los he elegido, ámense unos a los otros.

Adéntrate en el pasaje de las Escrituras y escucha la voz de Jesús. Piensa en cuál es el tema que más resuena en ti y platícalo con él. Observa las reacciones de los discípulos que preguntan: "¿Me puedes decir algo más de este tema? ¿Pero qué estas tratando de decirme?".

Jesús te dice: "¿Cuáles son las palabras que resuenan en ti? ¿Cómo puedes llegar a ser un mejor discípulo?".

¿Cómo terminarías esta conversación? Repasa tus pensamientos y emociones. Padre nuestro. . . .

Hechos 15:22–31
Salmo 57:8,10 y 12
Juan 15:12–17

Sábado
20 DE MAYO

• SAN BERNARDINO DE SIENA, PRESBÍTERO •

"Si a mí me han perseguido, también a ustedes los perseguirán, y el caso que han hecho de mis palabras lo harán de las de ustedes".
—JUAN 15:20

¿Estás dispuesto a defender lo que crees?

Nuestra Iglesia está llena de santos, de hombres y mujeres que no tuvieron miedo de vivir sus convicciones de fe. Muchos de ellos sufrieron persecución o fueron martirizados: San Pablo, San Pedro, Beato Oscar Romero, Jean Donovan, Padre Miguel Agustín Pro y Dorothy Stang, entre otros gigantes de la fe. Ellos imitaron a Jesús perseguido y nunca temieron vivir su propia persecución. No buscaron la persecución, pero se mantuvieron fieles a Jesús sin importar el costo. Hoy continúan inspirándonos a vivir en lo que creemos, aun cuando no sea lo más popular.

Te invito a imitar a un santo para que te inspire a vivir tu fe con una profunda convicción.

Hechos 16:1–10
Salmo 100:1b–2,3,5
Juan 15:18–21

Domingo
21 DE MAYO

• VI DOMINGO DE PASCUA •

"No los dejaré desamparados".
—JUAN 14:18

¿Por qué es tan difícil el cambio?

Los cambios en la vida, especialmente los imprevistos, pueden ser difíciles. Trasladarse a una nueva ciudad, iniciar un nuevo trabajo o perder a un ser querido puede ser duro. Los cambios nos obligan a salir de nuestra área de confort y esto puede causarnos miedo o ansiedad. Algunas veces parece más fácil y cómodo aferrarnos a lo que ya conocemos que enfrentar un cambio.

Los discípulos se sentían perdidos con los cambios que Jesús les dejaba. Él les aseguró que nunca los dejaría huérfanos y que les enviaría su Espíritu para guiarlos y consolarlos.

Confía en que Dios está presente en tu vida, especialmente en cada cambio con que te llama a madurar.

Hoy, pide al Espíritu Santo que te guíe.

Hechos 8:5–8,14–17
Salmo 66:1–3,4–5,6–7,16,20
1 Pedro 3:15–18
Juan 14:15–21

Lunes
22 DE MAYO
• SANTA RITA DE CASIA, RELIGIOSA •

"Les he hablado de estas cosas para que, cuando llegue la hora de su cumplimiento, recuerden que ya se lo había predicho yo".
—JUAN 16:4

¿A qué acudes en los momentos de tribulación?

Hay momentos de gran consolación en los que sentimos la presencia de Dios. San Ignacio nos enseña que es necesario reflexionar sobre esos momentos para que los recordemos cuando experimentemos desolación. Son las memorias de consolación las que nos recuerdan que nuestra esperanza proviene de la gloriosa Resurrección de Jesús y que él nos ayudará en los momentos de desolación.

Te invito a que escribas algunos momentos de consolación que describan tu experiencia y sentimientos. Hazlo en forma de historia. Cuando experimentes desolación, lee tu diario. ¡Esto alentará tu esperanza!

Hechos 16:11–15
Salmo 149:1b–2,3–4,5–6a y 9b
Juan 15:26—16:4a

Martes
23 DE MAYO

Sin embargo, es cierto lo que les digo: les conviene que me vaya; porque si no me voy, no vendrá a ustedes el Consolador; en cambio, si me voy, yo se lo enviaré.
—JUAN 16:8

¿Es el Espíritu Santo algo más que una paloma?

La Iglesia tradicionalmente utiliza una paloma para simbolizar al Espíritu Santo, imagen que solemos ver en el Bautismo y la Confirmación. Este Espíritu, el paráclito o defensor, sirve como consuelo, ayuda y aliento. También tenemos otros símbolos bíblicos del Espíritu Santo como el agua, la unción, el fuego, la brisa, la luz y la mano que nos recuerdan las muchas maneras como podemos experimentar su presencia en nuestra vida.

Acércate al Espíritu Santo y permite que este espíritu del Dios verdadero renueve las gracias de tu Bautismo y Confirmación para vivir más fielmente tu discipulado cristiano.

Hechos 16:22–34
Salmo 138:1–2ab,2cde–3,7c–8
Juan 16:5–11

Miércoles
24 DE MAYO

"Aún tengo muchas cosas que decirles, pero todavía no las pueden comprender. Pero cuando venga el Espíritu de verdad, él los irá guiando hasta la verdad plena, porque no hablará por su cuenta, sino que dirá lo que haya oído y les anunciará las cosas que van a suceder".
—Juan 16:12–13

¿Cuál es el papel del Espíritu Santo en tu vida?

En el mundo de hoy tenemos acceso instantáneo a una variedad de información a través del teléfono inteligente, las tabletas y las computadoras. Con un solo clic se nos abre un abanico de hechos y datos.

Como personas de fe, tenemos al Espíritu Santo que nos guía a la verdad y nos ayuda a comprender las enseñanzas, el mensaje y el significado de la vida de Jesús.

Acude al Espíritu Santo para que te guíe, te inspire y te dé sabiduría en tu caminar espiritual.

Hechos 17:15,22—18:1
Salmos 148:1–2,11–12,13,14
Juan 16:12–15

Jueves
25 DE MAYO

• LA ASCENSIÓN DEL SEÑOR * SAN BEDA EL VENERABLE EL VENERABLE, PRESBÍTERO Y DOCTOR DE LA IGLESIA * SAN GREGORIO VII, PAPA * SANTA MARÍA MAGDALENA DE PAZZI, VIRGEN •

"Estarán tristes, pero su tristeza se transformará en alegría".
—JUAN 16:20

¿Cómo es posible que la tristeza se convierta en gozo?

En la vida soportamos muchos momentos difíciles: la muerte de nuestros padres, el perder el trabajo, la partida de los hijos del hogar o un divorcio. En momentos como esos sentimos que una parte de nosotros muere, pero debemos recordar con esperanza las palabras de Jesús: "Su tristeza se convertirá en gozo". Algunas veces no podemos ver lo que es posible o lo que vendrá, porque estamos aferrados al dolor que sentimos. Enfocarnos en la muerte nos deja tristes, mientras que enfocarnos en la vida nos lleva a tener esperanza y a esperar con alegría las promesas de Jesús. En la Resurrección, Jesús destruyó el poder de la muerte.

En oración, pide a Jesús que guíe tus pasos hacia una nueva vida en Dios.

VI SEMANA DE PASCUA:
Hechos 18:1–8
Salmo 98:1,2–3ab,3CD–4
Juan 16:16–20

LA ASCENSIÓN DEL SEÑOR:
Hechos 1:1–11
Salmo 47:2–3,6–7,8–9(6)
Efesios 1:17–23
Mateo 28:16–20

Viernes

26 DE MAYO

• SAN FELIPE NERI, PRESBÍTERO •

"Pero una vez que ha dado a luz, ya no se acuerda de su angustia, por la alegría de haber traído un hombre al mundo".
—JUAN 16:21

¿Es esto posible?

Ser gente de fe no nos libra de momentos dolorosos, pero la fe nos ayuda a superarlos. Como gente de fe, debemos tener nuestra esperanza puesta en la Resurrección, sabiendo que los momentos difíciles pasarán y habrá alegría de nuevo.

Una mujer a punto de dar a luz experimenta intensos dolores, pero esa memoria será transformada en alegría y felicidad al recibir a su bebé. No es que olvidemos el dolor, pero la recompensa de esos momentos llenos de gracia le da un nuevo sentido a nuestra vida. El ejemplo de Jesús en el Evangelio nos recuerda que los momentos de tristeza serán transformados en alegría cuando nuestra fe está puesta en la victoria de Jesús.

Enfrenta tus tristezas con fe y confianza en que Jesús te llevará a la victoria.

Hechos 18:9–18
Salmo 47:2–3,4–5,6–7
Juan 16:20–23

Sábado
27 DE MAYO
• SAN AGUSTÍN DE CANTERBURY, OBISPO •

Jesús dijo a sus discípulos: "Yo les aseguro: cuanto pidan al Padre en mi nombre, se lo concederá. Hasta ahora no han pedido nada en mi nombre. Pidan y recibirán, para que su alegría sea completa".
—JUAN 16:23–24

¿Cómo es tu oración?

Hay mucha maneras de orar: petición, alabanza, adoración, meditación, liturgia de las horas, himnos, y muchas más. En forma de petición, le pedimos a Dios bendiciones, gracias y ayuda con nuestras necesidades personales. Quizá le pidamos un trabajo, ayuda en el matrimonio o una solución a problemas en el hogar.

Jesús nos invita a tener confianza en su cuidado amoroso. Cuando tenemos confianza en el cuidado de Dios, nos damos cuenta de que quizás no tengamos todo lo que pedimos, pero tendremos lo que él quiere para nosotros, y eso es bueno.

Sigue orando para que tu alegría sea completa.

Hechos 18:23–28
Salmo 47:2–3,8–9,10
Juan 16:23b–28

Domingo
28 DE MAYO

• LA ASCENSIÓN DEL SEÑOR • VII DOMINGO DE PASCUA •

"Vayan, pues, y enseñen a todas las naciones".
—MATEO 28:19

¿Qué dones y talentos te regaló Dios? ¿Cómo puedes usarlos para servir a Dios y a la comunidad?

La espiritualidad ignaciana nos llama a usar nuestros dones y talentos para el bien de la comunidad, preferentemente con los pobres. La centralidad de esta espiritualidad es nutrir nuestra vida a través de la oración y el discernimiento. Esto nos ayudará a ver y responder al mandato de Jesús, así como a saber usar nuestros dones y talentos en lo cotidiano.

Este evangelio nos llama a hacer discípulos en todas las naciones. Nos invita a ser inclusivos con aquellos que son diferentes a nosotros, a abrazarlos y darles la bienvenida en el Señor.

LA ASCENSIÓN DEL SEÑOR:
Hechos 1:1–11
Salmo 47:2–3,6–7,8–9(6)
Efesios 1:17–23
Mateo 28:16–20

VII DOMINGO DE PASCUA:
Hechos 1:12–14
Salmo 27:2,4,7–8
1 Pedro 4:13–16
Juan 17:1–11a

Lunes
29 DE MAYO

"Sin embargo, no estaré solo, porque el Padre está conmigo. Les he dicho estas cosas, para que tengan paz en mí".
—Juan 16:32–33

¿Quién hace tu comunidad?

Los hispanos tenemos familias o comunidades grandes que caminan junto a nosotros. Lo hermoso es que nunca caminamos solos en los momentos más significativos de nuestra vida. Con frecuencia Dios está presente a través de la comunidad. ¿Cuántas millas manejamos para llegar a un bautismo, a una graduación o a una boda? ¿Quién llega al hospital cuando hay una emergencia o nace un bebé? ¿Quién te abraza o apoya ante la muerte de un ser querido o alguna otra pena? Dios no quiere que estemos solos y por eso nos regala una familia, una comunidad y amigos para que nos acompañen.

Reza por todos aquellos que han sido presencia de Dios en tu vida.

Hechos 19:1–8
Salmo 68:2–3ab,4–5acd,6–7ab
Juan 16:29–33

Martes
30 DE MAYO

"Te pido por ellos; no te pido por el mundo, sino por estos, que tú me diste, porque son tuyos. Todo lo mío es tuyo y todo lo tuyo es mío".
—JUAN 17:11

¿Por qué importa si estamos unidos o no?

Antes de su muerte, la oración de Jesús estaba enfocada en la unidad con el Padre. Su mensaje es importante porque nuestro mundo sigue dividido por razas, creencias, nacionalidades, política y clases sociales. La división no solo nos separa, sino que impide que nos tratemos con respeto y dignidad.

La unidad abre nuestro corazón a aceptar a gente diferente a nosotros, a descubrir bondad en el forastero y a encontrar maneras comunes de hacer de nuestro mundo un lugar de amistad y paz. Al estar unidos cumplimos la oración de Jesús. Al aceptarnos como hermanos encontramos cercanía de Cristo.

Establece una relación de amistad con personas de otras religiones, razas o creencias.

Hechos 20:17–27
Salmo 68:0–11,20–21
Juan 17:1–11a

Miércoles
31 DE MAYO
• VISITACIÓN DE LA SANTÍSIMA VIRGEN MARÍA •

Que el amor de ustedes sea sincero. Aborrezcan el mal y practiquen el bien; ámense cordialmente los unos a los otros, como buenos hermanos; que cada uno estime a los otros más que a sí mismo.
—ROMANOS 12:9

Ponte en la presencia de Dios, oración preparatoria, lectura, contemplación, diálogo, oración final.

Cuando Pablo escribió a los romanos, hizo énfasis en que la fe debe animar e influenciar la manera como vivimos. En este pasaje, Pablo anima a todos los discípulos a vivir de manera tal que demuestren su fe. Nos reta a llevar una vida de ofrenda que agrade a Dios.

Adéntrate en las Escrituras y escucha la lectura de esta carta. Imagina que le escribes una carta a Pablo como respuesta. ¿Qué le preguntarías? ¿Le pedirías algún consejo?

¿Cómo terminarías esta conversación? Repasa tus pensamientos y emociones. Padre nuestro. . . .

Sofonías 3:14–18a o Romanos 12:9–16
Isaías 12:2–3,4bcd,5–6
Lucas 1:39–56

Jueves
1 DE JUNIO
• SAN JUSTINO, MÁRTIR •

"Yo les he dado a conocer tu nombre y se lo seguiré dando a conocer, para que el amor con que me amas esté en ellos y yo también en ellos".
—JUAN 17:26

El padre Pedro Arrupe, Superior General de los jesuitas, vivió bajo la premisa de que "en la manera en que uno ama, vive su vida".

Él escribió: "Nada es más práctico que encontrar a Dios; que amarlo de un modo absoluto, y hasta el final. Aquello de lo que estés enamorado, y arrebate tu imaginación, lo afectará todo. Determinará lo que te haga levantar por la mañana y lo que hagas con tus atardeceres; cómo pases los fines de semana, lo que leas y a quien conozcas; lo que te rompa el corazón y lo que te llene de asombro con alegría y agradecimiento. Enamórate, permanece enamorado y eso lo decidirá todo".

Hechos 22:30;23:6–11
Salmo 16:1–2a y 5,7–8,9–10,11
Juan 17:20–26

Viernes
2 DE JUNIO

• SAN MARCELINO Y SAN PEDRO, MÁRTIRES •

"Simón, hijo de Juan, ¿me amas más que estos?". Él le contestó: "Sí, Señor, tú sabes que te quiero". Jesús le dijo: "Apacienta mis corderos".
—JUAN 21:16

San Ignacio nos dice que "el amor se debe poner más en las obras que en las palabras". Nuestras acciones expresan nuestras palabras y sentimientos.

Imagina que Jesús hoy te pregunta: "¿Me amas más que estos? Entonces demuéstralo cuidando de mis ovejas, especialmente de los pobres, los marginados y los excluidos".

Deja que Dios te ame, y permítete responder al amor de Dios. Así tus acciones se convertirán en un acto natural de amor a Dios y ese amor te impulsará a su mandato de apacentar sus ovejas.

Hechos 25:13b–21
Salmo 103:1–2,11–12,19–20ab
Juan 21:15–19

Sábado
3 DE JUNIO

• SAN CARLOS LWANGA Y COMPAÑEROS MÁRTIRES •

Muchas otras cosas hizo Jesús y creo que, si se relataran una por una, no cabrían en todo el mundo los libros que se escribieran.
—JUAN 21:25

Si anotaras todo por lo que estás agradecido, ¿cuántas hojas de papel necesitarías?

Cuando te sientas triste, decaído o deprimido, toma una hoja de papel y anota todo por lo que estás agradecido. Empieza con las cosas obvias y sigue con aquello que no hayas reconocido como don de Dios pero que ya te ha sido concedido. Al hacerlo, experimentarás una maravillosa sensación de alegría y comprobarás que has sido bendecido de muchas maneras.

Así como san Ignacio lo recomienda, contempla tus últimas 24 horas con agradecimiento y dedica tiempo a dar gracias a Dios por sus muchas bendiciones.

Hechos 28:16–20,30–31
Salmo 11:4,5 y 7
Juan 21:20–25

Domingo

4 DE JUNIO

• DOMINGO DE PENTECOSTÉS •

"Como el Padre me ha enviado, así también los envío yo".
Después de decir esto, sopló sobre ellos y les dijo: "Reciban al
Espíritu Santo."
—JUAN 20:21–22

Hoy celebramos que somos parte de la misión y el ministerio de la Iglesia. Se nos ha dado el Espíritu Santo para fortalecernos, guiarnos e ir por todo el mundo a llevar el mensaje de Jesucristo. Viviendo nuestra misión y ministerio, pidamos al Espíritu Santo que nos transforme mediante esta oración tradicional: "Ven Espíritu Santo, llena los corazones de tus fieles y enciende en ellos el fuego de tu amor. Envía Señor tu Espíritu Santo y se renovará la faz de la tierra".

¿Cómo celebrarás tú el nacimiento de la Iglesia?

MISA VESPERTINA DE LA VIGILIA:
Génesis 11:1–9 o Éxodo 19:3–8a,16–20b o
Ezequiel 37:1–4 o Joel 3:1–5
Salmo 104:1–2,24,35,27–28,29,30
Romanos 8:22–27
Juan 7:37–39

MISA DEL DÍA:
Hechos 2:1–11
Salmo 104:1,24,29–30,31,34
1 Corintios 12:3b–7,12–13
Juan 20:19–23

Lunes
5 DE JUNIO

• SAN BONIFACIO, OBISPO Y MÁRTIR •

Entonces, los sumos sacerdotes, los escribas y los ancianos quisieron apoderarse de Jesús, porque se dieron cuenta de que por ellos había dicho aquella parábola.
—MARCOS 12:12

¿Tienes el valor de ser una voz profética?

Varios profetas de la Biblia fueron maltratados y hasta asesinados porque su mensaje molestaba a la gente. Pensar en ser profeta o voz profética en nuestros días puede parecer aterrador. Pero a eso estamos llamados: a proclamar el mensaje de Jesucristo. Este mensaje de esperanza, justicia y amor es relevante y necesario, especialmente en estos días en los que las ideas de la "cultura de lo desechable" y la indiferencia son tan prevalentes.

Reflexiona sobre tus palabras y tu estilo de vida, para que manifiestes el mensaje de Jesús cada día. ¡Sé una voz profética!

Tobías 1:3;2:1a–8
Salmo 112:1b–2,3b–4,5–6
Marcos 12:1–12

Martes

6 DE JUNIO

• SAN NORBERTO, OBISPO •

"¿De quién es la imagen y el nombre que lleva escrito?". Le contestaron: "Del César". Entonces les respondió Jesús: "Den al César lo que es del César, y a Dios lo que es de Dios". Y los dejó admirados.
—MARCOS 12:17

¿Qué le pertenece a Dios?

Puesto que estamos hechos a imagen y semejanza de Dios, le pertenecemos a Dios y nos debemos dar a él entera y plenamente. No es difícil entregarse a alguien cuando hay una relación de amor. Basta con seguir esta premisa: "Mis valores y decisiones se dirigen a Dios, regresando a él lo que es de él".

Te invito a reflexionar en lo que le has regresado a Dios en las últimas 24 horas. Luego, pregúntate cómo te darás a Dios en las siguientes 24.

Tobias 2:9–14
Salmo 112:1–2,7–8,9
Marcos 12:13–17

Miércoles
7 DE JUNIO

Jesús les contestó: "Están en un error, porque no entienden las Escrituras ni el poder de Dios. Pues cuando resuciten de entre los muertos, ni los hombres tendrán mujer ni las mujeres marido, sino que serán como los ángeles del cielo".
—MARCOS 12:24

¿Confías en el misterio de Dios?

Los interrogantes sobre cómo es el cielo y qué nos espera después de la muerte siempre despertarán nuestra curiosidad. Hay cosas de nuestra fe católica que no podemos entender completamente porque van más allá del entendimiento y la razón. Tales misterios solo pueden ser parcialmente entendidos aquí en la Tierra. Jesús nos recuerda que hay un misterio de fe, y que no tendremos todas las respuestas en la Tierra, pero que podemos confiar en él y en sus promesas.

¡Confía en la Resurrección de Jesús y ten confianza en el misterio!

Tobias 3:1–11a,16–17a
Salmo 25:2–3,4–5ab,6 y 7BC,8–9
Marcos 12:18–27

Jueves
8 DE JUNIO

Jesús, viendo que había hablado muy sensatamente, le dijo: "No estás lejos del Reino de Dios".
—MARCOS 12:34

Ponte en la presencia de Dios, oración preparatoria, lectura, contemplación, diálogo, oración final.

Jesús subraya el "doble mandamiento del amor" como el mandamiento en el que están fundamentados los demás. En otras palabras, el amor a Dios y al prójimo es el cimiento para vivir como verdaderos discípulos. Todo lo que hacemos debe ser por amor a Dios y a nuestro prójimo.

Adéntrate en el pasaje de las Escrituras. Acércate a Jesús y siéntate a su lado. Jesús te pregunta: "¿Qué es lo que te detiene para amar a Dios y a tu prójimo? ¿Cómo puedes amar en todas tus acciones?". Respóndele: "Te quiero imitar. ¿Puedes llenar mi corazón con amor auténtico? ¿Me ayudarás a no ser egoísta y a que mis palabras y acciones transmitan amor?".

¿Cómo terminarías esta conversación? Repasa tus pensamientos y emociones. Padre nuestro. . . .

Tobías 6:10–11; 7:1bcde, desde 9 hasta 17; 8:4–9a
Salmo 128:1–2,3,4–5
Marcos 12:28–34

Viernes
9 DE JUNIO
• SAN EFRÉN, DIÁCONO Y DOCTOR DE LA IGLESIA •

Un día, mientras enseñaba en el templo, Jesús preguntó: "¿Cómo pueden decir los escribas que el Mesías es hijo de David?".
—MARCOS 12:35

¿Cómo presentarías a Jesús?

A través de las Escrituras Jesús gradualmente se revela como Señor e Hijo de Dios. No existe una forma adecuada ni una definición exacta para describir a Jesús, pero te invito a que imagines que vas a presentar a Jesús a un amigo que no sabe nada acerca de él.

En una hoja de papel escribe palabras clave que te gustaría usar para hablar a tu amigo de Jesús. Puedes incluir lo que Jesús significa para ti y para tu vida. Cuando termines, lee tu lista y añade lo que creas que le haga falta.

En oración comparte tu lista con Jesús y dile que te gustaría tener una relación más profunda con él para conocerlo mejor.

Tobias 11:5–17
Salmo 146:1b–2,6c–7,8–9a,9bc–10
Marcos 12:35–37

Sábado
10 DE JUNIO

"Yo les aseguro que esa pobre viuda ha echado en la alcancía más que todos. Porque los demás han echado de lo que les sobraba; pero esta, en su pobreza ha echado todo lo que tenía para vivir".
—MARCOS 12:43–44

¿Qué hace a una persona generosa aun cuando tenga poco?

La generosidad es una virtud cristiana que demuestra desapego a las cosas, cuidado de los demás y confianza en Dios. En otras palabras, ayudamos al vecino necesitado, confiando en que Dios proveerá. ¿Recuerdas a alguien de tu familia que haya vivido la generosidad como parte de su fe? Se nos enseña que se encuentra la felicidad cuando nos damos generosamente a Dios y a los demás.

Te invito a confiar en Dios, a despegarte de las cosas y a ser consciente de las necesidades que hay a tu alrededor. Sé generoso con tu tiempo, talento, amor, paciencia y ternura.

Tobias 12:1,5–15,20
Tobias 13:2,6efgh,7,8
Marcos 12:38–44

Domingo
11 DE JUNIO
• LA SANTÍSIMA TRINIDAD •

La gracia de nuestro Señor Jesucristo, el amor del Padre y la comunión del Espíritu Santo estén siempre con ustedes.
—2 CORINTIOS 13:13

¿Quién te enseñó a persignarte?

Los rituales son importantes porque encarnan nuestras creencias y expresan lo que las palabras no pueden hacer. Al celebrar la fiesta de la Santísima Trinidad, enfoquemos nuestra atención en la manera como los hispanos hacemos la señal de la cruz. Pensemos en la manera como nuestra madre o abuela nos enseñó a hacerlo desde pequeños. Hacemos la señal de la cruz con el dedo índice y pulgar. El dedo pulgar nos recuerda la divinidad de Jesús y el índice, su humanidad. Los tres dedos restantes simbolizan las tres personas de la trinidad: Padre, Hijo y Espíritu Santo. Al besar la cruz, besamos la trinidad y palpamos ese misterio.

Hoy en oración, persígnate y expresa tu amor a la Santísima Trinidad.

Éxodo 34:4b–6,8–9
Daniel 3:52,53,54,55,56(52b)
2 Corintios 13:11–13
Juan 3:16–18

Lunes
12 DE JUNIO

"Alégrense y salten de contento, porque su premio será grande en los cielos".
—MATEO 5:12

¿Cuál es la receta para la felicidad?

Es interesante ver cómo la sociedad predica una manera de vida llena de contradicciones que nos deja vacíos. Tenemos más cosas, pero menos felicidad. Estamos constantemente conectados, pero nuestra comunicación es menos significativa. Dormimos menos, pero no tenemos más tiempo. Los caminos de este mundo no son los caminos de Dios. En las Bienaventuranzas, Jesús nos enseña el camino, las actitudes y las características de una vida cristiana y nos promete bendiciones y recompensas. Las Bienaventuranzas son el camino hacia la felicidad.

Reflexiona en las Bienaventuranzas y en el camino de vida que te ofrecen. Así, en los retos y dificultades escucharás las palabras de Jesús que te recuerda su presencia y sus promesas.

2 Corintios 1:1–7
Salmo 34:2–3,4–5,6–7,8–9
Mateo 5:1–12

Martes
13 DE JUNIO

• SAN ANTONIO DE PADUA, PRESBÍTERO Y DOCTOR DE LA IGLESIA •

"Si la sal se vuelve insípida, ¿con qué se le devolverá el sabor? Ya no sirve para nada y se tira a la calle para que la pise la gente".
—MATEO 5:13

Ponte en la presencia de Dios, oración preparatoria, lectura, contemplación, diálogo, oración final.

Jesús nos dice que si el discípulo no tiene las cualidades del discipulado, se vuelve como la sal que pierde su sabor. También nos dice que debemos llevar la luz de Cristo a los que viven en la oscuridad.

Adéntrate en el pasaje del Evangelio. Acércate a Jesús y siéntate a su lado. Jesús te dice: "Comparte conmigo tu cualidad más fuerte como discípulo. ¿Te puedo decir lo que yo veo como tu fortaleza?". Tú preguntas: "¿Qué pasa si pierdo el sabor o escondo la luz? ¿Cómo puedo practicar las características del discipulado y ser mejor?".

¿Cómo terminarías esta conversación? Repasa tus pensamientos y emociones. Padre nuestro. . . .

2 Corintios 1:18–22
Salmo 119:129,130,131,132,133,135
Mateo 5:13–16

Miércoles
14 DE JUNIO

"Pero el que los cumpla y los enseñe, será grande en el Reino de los cielos".
—MATEO 5:19

¿Cuáles son tus logros personales?

Ser parte de una tradición cultural de fe y tener la oportunidad de enseñarla y transmitirla es una gran bendición. Tenemos numerosos catequistas (madres, padres, abuelos) que han sido ejemplo de fe viva. Vivimos tradiciones y rituales que se han transmitido por cientos de años, como la piñata, las posadas, los altares y la bendición. No adquirimos la fe por cuenta propia. Nos criamos con personas que enseñaron, nutrieron y guiaron nuestro camino de fe.

Hoy, evoca a los que nutrieron tu fe. Da gracias a Dios por esas personas y pídele que las bendiga. Reza, para que al practicar las tradiciones y rituales de tu fe hispana católica, seas ejemplo para los demás.

2 Corintios 3:4–11
Salmo 99:5,6,7,8,9
Mateo 5:17–19

Jueves
15 DE JUNIO

Todo el que se enoje con su hermano, será llevado también ante el tribunal; el que insulte a su hermano, será llevado ante el tribunal supremo.
—MATEO 5:22

¿Qué tan dañino es el chisme?

El papa Francisco ha despertado nuestra conciencia al advertir que el destructivo poder del chisme es como una bofetada a Jesús. Nos recuerda que somos llamados a amar y que "nuestras lenguas fueron hechas para alabar a Dios, no para hablar negativamente acerca de los miembros de su cuerpo". Cuando llevamos y traemos chismes, usamos la lengua para hablar mal de nuestros hermanos, y así matar a Dios.

Pregúntate si las palabras que pronuncias son de paz o de destrucción. Como dice el Santo Padre: "Si sientes la urgencia de crear divisiones entre la gente (chismear), entonces muérdete la lengua".

2 Corintios 3:15—4:1,3–6
Salmo 85:9ab y 10,11–12,13–14
Mateo 5:20–26

Viernes
16 DE JUNIO

Y si tu mano derecha es para ti ocasión de pecado, córtatela y arrójala lejos de ti.
—MATEO 5:30

¿Qué impacto tiene la sinceridad en tu vida?

Nuestras acciones e intenciones indican cómo percibimos a los demás. Por ejemplo, cuando mentimos o decimos verdades a medias, cuando manipulamos una situación o guardamos secretos, estamos sospechando de los demás y demostrando falta de confianza. Pero cuando somos sinceros, vemos sinceridad en los demás. Un corazón sincero se une fácilmente al corazón de Dios y nos permite confiar en él. Cuando cimentamos nuestra confianza en Dios, no hay lugar para dudas o incertidumbres. Nuestra vida y nuestras esperanzas están firmemente cimentadas en Dios. Un corazón sincero nos lleva a la felicidad, la alegría y la confianza total en Dios.

Sé sincero y encuentra fuerza y confianza en Dios.

2 Corintios 4:7–15
Salmo 116:10–11,15–16,17–18
Mateo 5:27–32

Sábado
17 DE JUNIO

En nombre de Cristo les pedimos que se reconcilien con Dios.
—2 CORINTIOS 5:20

¿Por qué ya no le llamamos confesión?

Una de las partes esenciales y más incomprendidas del catolicismo es el sacramento de la Reconciliación. Algunas personas aún le dicen "confesión" porque se concentran en la parte más difícil, que es confesar los pecados. Sin embargo, la Reconciliación es algo más que eso: es una relación con Dios misericordioso, que anhela estar cerca de nosotros. Cuando pecamos, Dios no nos hace a un lado; somos nosotros los que levantamos una pared que nos separa de él. En la Reconciliación llevamos a Dios a nuestro corazón arrepentido y Dios amorosamente retira la pared. ¿No es increíble? ¡Tenemos la oportunidad de reconciliarnos con Dios para estar más cerca de él!

Reconcíliate con Dios a través del sacramento. Así encontrarás paz, alegría y los brazos amorosos del Padre.

2 Corintios 5:14–21
Salmo 103:1–2,3–4,9–10,11–12
Mateo 5:33–37

Domingo
18 DE JUNIO

• EL SANTÍSIMO CUERPO Y SANGRE DE CRISTO •

"El que coma de este pan vivirá para siempre".
—JUAN 6:51

Cuando tienes hambre, comes. Pero, ¿qué haces cuando tu corazón está hambriento?

Todos anhelamos más alegría o significado en esta vida. A veces nos dejamos llevar por la sociedad que nos asegura que comprar cosas nos hará felices o que gastar dinero nos hará sentir bien. Sin embargo, muy pronto nos damos cuenta de que poseer "más cosas" no satisface nuestra hambre. Si escuchamos atentos nuestro gruñir interior, escucharemos a nuestro corazón hambriento de Dios. Y lo único que saciará nuestra hambre es el Cuerpo y la Sangre de Cristo en la Eucaristía, donde siempre encontraremos vida y la promesa de gloria de Dios.

Celebra la festividad de Corpus Christi visitando el Santísimo Sacramento y expresando tu hambre a Dios. Cuando recibas la Eucaristía, deja que Dios te alimente y sacie.

Deuteronomio 8:2–3,14b–16a
Salmo 147:12–13,14–15,19–20(12)
1 Corintios 10:16–17
Juan 6:51–58

Lunes
19 DE JUNIO

• SAN ROMUALDO, ABAD •

"Ustedes han oído que se dijo: 'Ojo por ojo, diente por diente'; pero yo les digo que no hagan resistencia al hombre malo".
—MATEO 5:38–39

¿Eres modelo de amor y amabilidad?

Dios nos creó para amar, no para ser violentos. Y nuestro modelo a seguir debe ser Jesús, quien respondió a la traición y a la tortura con amor. En vez de venganza o represalias, Jesús nos ofrece la alternativa de vivir el poder de la misericordia sobre el poder del mal.

Ser personas armoniosas significa ofrecer el perdón en vez de la venganza. Significa responder con amor y no con agresión a las ofensas. Jesús nos llama a que nuestro hablar, nuestros pensamientos y nuestras acciones sean amables. Como resultado, hallaremos paz y gracia en nuestra vida.

Hoy, enfócate en tu actitud hacia las personas que te rodean. ¡Sé amable y cariñoso!

2 Corintios 6:1–10
Salmo 98:1,2b,3ab,3cd–4
Mateo 5:38–42

Martes
20 DE JUNIO

Amen a sus enemigos, hagan el bien a los que los odian y rueguen por los que los persiguen y calumnian, para que sean hijos de su Padre celestial.
—MATEO 5:44–45

¿Estás entre los perseguidos?

Estar del lado de Jesús implica ser perseguido, porque vivimos en una sociedad que muchas veces se burla de nuestras creencias. Esto ocurre sobre todo cuando defendemos con firmeza los valores que protegen la santidad de la vida, la justicia, los derechos humanos, la reforma migratoria, la opción por el pobre, la eliminación de la pena capital y la misericordia. El Evangelio nos llama a seguir las enseñanzas de Jesús, sea cual fuere el costo. No importa que seamos sometidos al rechazo y la ridiculización porque, cuando estamos del lado de los que son perseguidos, estamos del lado de Dios.

Hoy, eleva una oración por los que te persiguen.

2 Corintios 8:1–9
Salmo 146:2,5–6ab,6c–7,8–9a
Mateo 5:43–48

Miércoles
21 DE JUNIO
• SAN LUIS GONZAGA, RELIGIOSO •

Cada cual dé lo que su corazón le diga y no de mala gana ni por compromiso, pues Dios ama al que da con alegría.
—2 CORINTIOS 9:7

¿Te describen como alguien que da con alegría?

Cuando Jesús nos llama a dar con alegría, no habla de darle cosas a la gente, sino de darnos a nosotros mismos. Muchas veces esto implica grandes sacrificios, como responder a alguien que nos necesita cuando estamos muy ocupados, cuidar de una persona mayor, hacer un mandado o escuchar a alguien. Es precisamente cuando nos damos con un corazón alegre, que este cosechará abundantes gracias. Ahí es donde vemos y experimentamos el gran sacrificio de amor que Jesús hizo por nosotros en la cruz.

Hoy, haz un pequeño sacrificio y sé alegre al cuidar de los demás.

2 Corintios 9:6–11
Salmo 112:1bc–2,3–4,9
Mateo 6:1–6,16–18

Jueves

22 DE JUNIO

• SAN PAULINO DE NOLA, OBISPO • SAN JUAN FISHER, OBISPO, Y SANTO TOMÁS MORE, MÁRTIRES •

Ustedes pues, oren así:
Padre Nuestro que estas en el cielo. . .
—MATEO 6:9

Ponte en la presencia de Dios, oración preparatoria, lectura, contemplación, diálogo, oración final.

La oración es central en lo que somos y en nuestra relación con Dios, Jesús y el Espíritu Santo.

Adéntrate en este pasaje del Evangelio para hablar con Jesús. Siente la libertad de hablar con él y recibe su guía. Jesús te dice: "Pídeme cualquier cosa. ¿Por quién y por qué te gustaría orar? Sé específico y dame sus nombres. ¿Hay algo por lo que estás agradecido? ¿Lo quieres compartir? ¿Has hecho cosas que dañan nuestra relación? ¿Recibiste la pequeña sorpresa que te envié ayer? Descríbela o espérala el día de hoy". En respuesta, pregúntale a Jesús: "¿Continuarás enseñándome a orar?".

¿Cómo terminarías esta conversación? Repasa tus pensamientos y emociones. Padre nuestro. . . .

2 Corintios 11:1–11
Salmo 111:1b–2, 3–4, 7–8
Mateo 6:7–15

Viernes
23 DE JUNIO

• EL SAGRADO CORAZÓN DE JESÚS •

"Vengan a mí, todos los que están fatigados y agobiados por la carga, y yo les daré alivio".
—MATEO 11:28

¿Te has sentido solo en las situaciones difíciles?

A veces enfrentamos retos que apagan nuestro espíritu, nos rompen el corazón y nos sumen en la tristeza. Automáticamente buscamos la manera de encontrar alivio inmediato. Equivocadamente creemos que podemos hacerlo todo solos, sin reconocer que estamos bajo el cuidado de Dios en todo momento. En realidad nunca estamos solos. Cuando sentimos a Dios lejano, debemos recordar que él está fielmente a nuestro lado. Solo está esperando a que compartamos la carga para darnos alivio. Saber que Dios es nuestro fiel compañero nos llena de esperanza para enfrentar los retos de la vida.

La próxima vez que enfrentes retos, recurre a Dios e inclúyelo en tu vida.

Deuteronomio 7:6–11
Salmo 103:1–2,3–4,6–7,8,10 (see 17)
1 Juan 4:7–16
Mateo 11:25–30

Sábado
24 DE JUNIO
• LA NATIVIDAD DE SAN JUAN BAUTISTA •

Pues él será grande a los ojos del Señor; no beberá vino ni licor, y estará lleno del Espíritu Santo, ya desde el seno de su madre.
—LUCAS 1:15

¿Qué significa la tradición de mojar a las personas?

En este día es tradición mojar a las personas con agua bendita para evocar nuestro Bautismo en Cristo y en la comunidad del discipulado. Aunque el agua es sagrada y no debemos tirarla, en la festividad de San Juan Bautista es importante recordar nuestra sagrada vocación como bautizados católicos y la misión que hemos heredado de Cristo Jesús como sacerdotes, profetas y reyes. Sacerdotes para adorarlo, profetas para anunciar la Buena Nueva y reyes para servir al pueblo de Dios.

Hoy, renueva tus promesas bautismales. Ve y pon agua bendita también en la frente de tus familiares o amigos y recuérdales su llamado a través del Bautismo.

VIGILIA:
Jeremías 1:4–10
Salmo 71:1–2,3–4a,5–6ab,15ab y 17
1 Pedro 1:8–12
Lucas 1:5–17

DÍA:
Isaías 49:1–6
Salmo 139:1b–3,13–14ab,14c–15
Hechos 13:22–26
Lucas 1:57–66,80

Domingo

25 DE JUNIO

• XII DOMINGO DEL TIEMPO ORDINARIO •

¿No es verdad que se venden dos pajarillos por una moneda? Sin embargo, ni uno solo de ellos cae por tierra si no lo permite el Padre.
—MATEO 10:29

¿Cuánto vales?

Muchas veces medimos lo que valemos comparándonos con otros que son más inteligentes, ricos, mejores deportistas o esbeltos, y tales comparaciones nos pueden hacer sentir inadecuados. Valemos más que un pajarillo, lo que significa que no hay medida que se pueda comparar con el valor que tenemos ante los ojos de Dios. Cada uno de nosotros es único y tiene un propósito especial. El Evangelio de hoy nos llama a apreciar el regalo de ser únicos y a no compararnos con los demás, sino a usar la vida de Jesús como nuestra medida.

¡Valora el hecho de ser único ante Dios! Valora también a los demás, subrayando la hermosura de dones y talentos que Dios les ha dado.

Jeremías 20:10–13
Salmo 69:8–10,14,17,33–35(14c)
Romanos 5:12–15
Mateo 10:26–33

Lunes
26 DE JUNIO

"No juzguen y no serán juzgados; porque así como juzguen los juzgarán y con la medida que midan los medirán".
—MATEO 7:1–2

¿Se nubla tu vista cuando juzgas a los demás?

Cuando juzgamos a una persona, la degradamos y a la vez limitamos nuestra capacidad de amar. Hay bondad en todas las personas, pero al juzgar no vemos esa bondad. Todos estamos hechos a imagen y semejanza de Dios, pero cuando juzgamos, no vemos la imagen de Dios en los demás ni en nosotros mismos. Contar chismes y rechazar a los demás no nos acerca a Dios ni nos hace ser mejores personas.

En vez de juzgar a los demás, sé compasivo y escucha su historia. Esto es lo que Jesús te pide hoy.

Génesis 12:1–9
Salmo 33:12–13,18–19,20 y 22
Mateo 7:1–5

Martes
27 DE JUNIO
• SAN CIRILO DE ALEJANDRÍA, OBISPO Y DOCTOR DE LA IGLESIA •

Traten a los demás como quieren que ellos los traten a ustedes. En esto se resumen la ley y los profetas.
—MATEO 7:12

¿Riges tu vida por la regla de oro?

La regla de oro se ha convertido en una virtud o guía universal para tratar a los demás. Esta simple y profunda enseñanza que Jesús nos da es un resumen de los mandamientos y sintetiza la manera de vivir el Evangelio. Siempre es mejor tener un gran corazón, pues cuando amamos a los demás, crece nuestra capacidad para recibir el amor de Dios. Cuanto más amemos a los demás, mayor será nuestra experiencia del amor de Dios. Además, amar a los demás por la simple razón de amar es una experiencia transformadora. Es el misterio del amor de Dios en acción.

Practica el acto de amar, sin más intención que crecer en el amor.

Génesis 13:2,5–18
Salmo 15:2–3a,3bc–4ab,5
Mateo 7:6,12–14

Miércoles
28 DE JUNIO

• SAN IRENEO, OBISPO Y MÁRTIR •

Por sus frutos los conocerán. ¿Acaso se recogen uvas de los espinos o higos de los cardos?
—MATEO 7:16

¿Qué diferencia hay entre ser ignorante y ser tonto?

El padre Tony Ricard, un maravilloso sacerdote de New Orleans, comparte con sus feligreses la sabiduría de su madre. Ella le enseñó que, cuando hacemos algo sin saber que está mal, es ignorancia. Pero cuando hacemos algo sabiendo que está mal, ¡es una soberana tontería!

Esta es una sencilla pero poderosa enseñanza porque en nuestro interior sabemos lo que está bien y lo que está mal. Tenemos la capacidad de distinguir entre el bien y el mal así como entre la verdad y la mentira.

La próxima vez que estés pensando en mentir o hacer algo malo, dite a ti mismo: "¡No seas tonto!".

Génesis 15:1–12,17–18
Salmo 105:1–2,3–4,6–7,8–9
Mateo 7:15–20

Jueves
29 DE JUNIO
• SAN PEDRO Y SAN PABLO, APÓSTOLES •

Yo te digo a ti que tú eres Pedro y sobre esta piedra edificaré mi Iglesia.
—MATEO 16:18

San Pedro nos recuerda la dimensión institucional de la Iglesia y San Pablo la dimensión carismática. Ambas son necesarias. San Pedro nos llama a conservar las reglas, creencias y tradiciones que llegaron a nosotros desde la fundación de la Iglesia hace más de 2,000 años. San Pablo nos llama a estar abiertos al movimiento del Espíritu Santo que continúa guiando a la Iglesia hacia el futuro. Un gran ejemplo de esto fueron las reuniones del Concilio Vaticano Segundo, donde las dos dimensiones estuvieron presentes. La festividad de hoy nos llena de esperanza al saber que la institución de la Iglesia siempre estará cimentada y guiada por el Espíritu Santo.

Hoy, comparte con alguien tu orgullo de ser católico.

MISA DE LA VIGILIA:
Hechos 3:1–10
Salmo 19:2–3,4–5
Gálatas 1:11–20
Juan 21:15–19

MISA DEL DÍA:
Hechos 12:1–11
Salmo 34:2–3,4–5,6–7,8–9
2 Timoteo 4:6–8,17–18
Mateo 16:13–19

Viernes
30 DE JUNIO

• LOS PRIMEROS MÁRTIRES DE LA SANTA IGLESIA ROMANA •

Inmediatamente quedó limpio de la lepra. Jesús le dijo: "No le vayas a contar esto a nadie. Pero ve ahora a presentarte al sacerdote".
—MATEO 8:3–4

¿Quiénes son los marginados en nuestros días?

Los marginados de la sociedad de hoy son "los invisibles", aquellos que no tienen papeles y que trabajan arduamente sin ser vistos. Ayudan a preparar las comidas, recogen los platos sucios y limpian los cuartos de los hoteles. En pocas palabras, sirven a la gente sin que se les tome en cuenta.

Cuando Jesús sanó al leproso, lo hizo físicamente y tocó lo "intocable" con compasión y amor. Este hombre dejó de ser marginado, despreciado o temido. Jesús lo regresó a la sociedad con dignidad.

Reconoce la dignidad de las personas que trabajan en la industria del servicio. Busca a las personas que no hablan inglés. Percibe su alegría cuando los reconozcas y los hagas sentir apreciados.

Génesis 17:1,9–10,15–22
Salmo 128:1–2,3,4–5
Mateo 8:1–4

Sábado
1 DE JULIO
• BEATO JUNÍPERO SERRA, PRESBÍTERO •

Al llegar Jesús a la casa de Pedro, vio a la suegra de este en cama, con fiebre. Entonces la tomó de la mano y desapareció la fiebre. Ella se levantó y se puso a servirles.
—MATEO 8:14–15

Ponte en la presencia de Dios, oración preparatoria, lectura, contemplación, diálogo, oración final.

Jesús ofrece la sanación a todas las personas. Las restaura y las lleva a la plenitud de la vida con solo tocarlas.

Adéntrate en este pasaje del Evangelio y observa a la suegra de Pedro que de estar en la cama con fiebre, se levanta a servir. Acércate a ella y siéntate a su lado. Ella te pregunta: "¿Recuerdas la última vez que tuviste fiebre? ¿Qué te paraliza para vivir plenamente?" Contéstale: "¿Por qué te levantaste a servir inmediatamente? ¿Es posible que siguiera la fiebre sin que lo advirtieras?".

¿Cómo terminarías esta conversación? Repasa tus pensamientos y emociones. Padre nuestro. . . .

Génesis 18:1–15
Lucas 1:46–47,48–49,50 y 53,54–55
Mateo 8:5–17

Domingo

2 DE JULIO

• XIII DOMINGO DEL TIEMPO ORDINARIO •

"Y el que no toma su cruz y me sigue, no es digno de mí".
—MATEO 10:37

¿Cargar tu cruz te produce dolor y sufrimiento?

La gente habla de la cruz como de un castigo, especialmente ante la pérdida del trabajo, una enfermedad o un problema familiar. A veces nos dicen: "Tienes que aguantar la cruz que Dios te ha dado". Pero esta es una manera muy negativa de mirar uno de los más grandes misterios de nuestra fe. Jesús aceptó la cruz no porque quisiera sufrir, sino porque quería enseñarnos a amar. Cargar la cruz debe significar lo mismo para nosotros que para Jesús: cuanto más sufrió, más nos amó.

Contempla un crucifijo y medita en la imagen de Jesucristo. ¿Que mensaje de amor observas?

2 Reyes 4:8–11,14–16a
Salmo 89:2–3,16–17,18–19(2a)
Romanos 6:3–4,8–11
Mateo 10:37–42

Lunes
3 DE JULIO
• SANTO TOMÁS, APÓSTOL •

Ocho días después, estaban reunidos los discípulos a puerta cerrada y Tomás estaba con ellos.
—JUAN 20:26

¿Vives con miedo?

Los discípulos estaban a puerta cerrada porque tenían miedo. Pero Jesús atravesó esa puerta para encontrarlos. Como resultado, sabemos que Jesús puede atravesarlo todo para ayudarnos a superar nuestros miedos. Cuando vivimos como personas de resurrección, entendemos y experimentamos el gran poder de Jesús para traspasar puertas cerradas. Esto no significa que finalizarán nuestros problemas y momentos difíciles, sino que no viviremos con miedo tras puertas cerradas.

Ten fe en la fuerza y el poder de Jesucristo. Entrégale tus miedos y vive bajo su fuerza y su poder.

Efesios 2:19–22
Salmo 117:1bc,2
Juan 20:24–29

Martes
4 DE JULIO
• INDEPENDENCIA DE ESTADOS UNIDOS •

"¿Por qué tienen miedo, hombres de poca fe?". Entonces se levantó, dio una orden terminante a los vientos y al mar, y sobrevino una gran calma.
—MATEO 8:26

Ante la fuerza y el poder de la tormenta, ¿olvidas la fuerza y el poder de Jesucristo?

Cuando enfrentamos grandes retos y sufrimientos a veces sentimos que estamos en medio de una tormenta. Pero debemos recordar que Jesús se encuentra con nosotros en medio de la tormenta y que él es más poderoso que cualquier fuerza de destrucción. Pase lo que pase, siempre hay un poder más grande que obra en nuestra vida.

Cuando enfrentes una tormenta en tu vida, recuerda que Jesús está presente y que él es todopoderoso.

Génesis 19:15–29
Salmo 26:2–3,9–10,11–12
Mateo 8:23–27

Miércoles
5 DE JULIO

• SAN ANTONIO MARÍA ZACARÍA, SACERDOTE • SANTA ISABEL DE PORTUGAL •

Eran tan feroces, que nadie se atrevía a pasar por aquel camino.
—MATEO 8:28

¿Tienes confianza plena en el poder de Jesús?

Muchas personas ven el mundo como una pelea entre Jesús y el demonio, entre el bien y el mal, entre la gracia y el pecado. La buena noticia es que la pelea ha sido ganada por la Pasión, Muerte y gloriosa Resurrección de Jesucristo. Somos herederos de la victoria de Dios y no esclavos del pecado. Esto no significa que no tendremos problemas, que no cometeremos errores o que no pecaremos. Lo que significa es que estas situaciones no tendrán poder sobre nosotros. Podemos vivir cada día anticipando la victoria de Dios en nuestra vida, aun en los momentos más oscuros o en las luchas más profundas.

Enfócate en la victoria de Dios en tu vida y deja que él te dé una mejor visión del mundo.

Génesis 21:5,8–20a
Salmo 34:7–8,10–11,12–13
Mateo 8:28–34

Jueves

6 DE JULIO

• SANTA MARÍA GORETTI, VIRGEN Y MÁRTIR •

"Levántate, toma tu camilla y vete a tu casa".
—MATEO 9:6

¿Qué endurece tu alma y te hace sentir que no puedes levantarte y caminar?

A veces enfrentamos retos o momentos difíciles que nos tiran al suelo y nos impiden levantarnos. Como cuando se descompone el auto dos días después de que salió del taller mecánico, o cuando pierdes un trabajo y no tienes dinero para pagar la renta del siguiente mes. Pero la vida no es para enfocarnos en los momento en que nos caemos, sino para enfocarnos en la esperanza que tenemos al levantarnos, sabiendo que Jesús está de nuestro lado. Su victoria nos da el poder de levantarnos, aun cuando pensamos que no podemos hacerlo.

La próxima vez que estés pasando por un momento difícil y quieras rendirte, escucha la voz de Jesús que dice "levántate". Confía en que él estará ahí.

Génesis 22:1b–19
Salmo 115:1–2,3–4,5–6,8–9
Mateo 9:1–8

Viernes
7 DE JULIO

Jesús vio a un hombre llamado Mateo, sentado a su mesa de recaudador de impuestos, y le dijo: "Sígueme". Él se levantó y lo siguió.
—MATEO 9:9

Ponte en la presencia de Dios, oración preparatoria, lectura, contemplación, diálogo, oración final.

Adéntrate en este pasaje del Evangelio y observa a Jesús ir hacia Mateo, la oveja perdida. Escucha cómo lo invita al discipulado, a una íntima relación con Dios y a ser parte de su reino. Acércate a Mateo y siéntate con él.

Mateo te pregunta: "¿Te puedes imaginar dónde estaría si Jesús no me hubiera dicho 'sígueme'? ¿Ves la importancia de ir hacia la oveja perdida, el cobrador de impuestos y el pecador?". Contéstale: "¿Cómo puedo encontrar a la oveja perdida? ¿Cómo la invito a ser parte del reino de Dios?".

¿Cómo terminarías esta conversación? Repasa tus pensamientos y emociones. Padre nuestro. . . .

Génesis 23:1–4,19; 24:1–8,62–67
Mateo 9:9–13

Sábado
8 DE JULIO

"¿Cómo pueden llevar luto los amigos del esposo, mientras él está con ellos?".
—MATEO 9:15

¿Vives la fiesta?

A mi madre le encantaba hacer fiestas, desde algo sencillo e íntimo, hasta una gran fiesta con mucha gente, comida, música, concurso de baile y premios. Ella rigió su vida por la teología de la fiesta. Siempre decía: "Dios está con nosotros, porque Jesús es el Señor y todo está en sus poderosas manos". Así que llena del amor y la misericordia de Dios, siempre vivió con una actitud festiva. Algunas personas ven el mundo lleno de problemas y frustraciones. Pero mi madre no: ella vivía la fiesta, celebrando cada día la amistad y la bendición de Dios. Siempre mostró confianza absoluta en el poder de Dios.

Vive el día de hoy como una gran fiesta. Si tienes a Jesús en tu vida, ¡hay mucho que celebrar!

Génesis 27:1–5,15–29
Salmo 135:1b–2,3–4,5–6
Mateo 9:14–17

Domingo

9 DE JULIO

• XIV DOMINGO DEL TIEMPO ORDINARIO •

"Tomen mi yugo sobre ustedes y aprendan de mí, que soy manso y humilde de corazón, y encontrarán descanso, porque mi yugo es suave y mi carga ligera".
—MATEO 11:29–30

¿Qué ves cuando observas una imagen del Sagrado Corazón?

En casi todos los hogares hispanos que conozco hay una imagen del Sagrado Corazón colocada en un sitio muy destacado. Esta hermosa imagen —en la que el corazón de Jesús está en el centro de todo su ser— le habla a la persona que la ve. El Sagrado Corazón es un profundo símbolo de Jesús y de su mensaje: sus manos están siempre abiertas para recibirnos. Cada uno de nosotros cabe en su abrazo y esos brazos nunca estarán cerrados.

Toma tiempo para dejarte abrazar por el Sagrado Corazón.

Zacarías 9:9–10
Salmo 145:1–2,8–9,10–11,13–14
Romanos 8:9,11–13
Mateo 11:25–30

Lunes
10 DE JULIO

Entró Jesús, tomó a la niña de la mano y esta se levantó.
—MATEO 9:25

¿Crees en las promesas de Dios?

En estos días, mucha gente hace promesas difíciles de creer, porque se rompen muy fácilmente. Los amigos prometen llamar para juntarse y no lo hacen. Alguien promete devolverte una herramienta o un libro prestado y nunca lo hace. Algunos prometen que van a ser honestos y al poco rato están mintiendo. Cuando se rompen las promesas es difícil confiar. Pero hay una promesa en la que podemos confiar a ciegas: la promesa de la nueva y eterna vida en Jesús. Al escuchar que Jesús resucitó a la niña del oficial, anticipamos el cumplimiento de sus promesas. Él nos tomará de la mano y nos resucitará a una vida nueva y eterna.

Toma la mano extendida de Jesús y ten confianza en sus promesas.

Génesis 28:10–22a
Salmo 91:1–2,3–4,14–15ab
Mateo 9:18–26

Martes
11 DE JULIO
• SAN BENITO, ABAD •

Al ver a las multitudes, se compadecía de ellas, porque estaban extenuadas y desamparadas, como ovejas sin pastor.
—MATEO 9:36

Ponte en la presencia de Dios, oración preparatoria, lectura, contemplación, diálogo, oración final.

Jesús miró con compasión a la multitud. No había líderes espirituales que los guiaran y les mostraran el camino para servir a Dios y ser ejemplo de discipulado. Jesús nos llama a ser trabajadores de Dios.

Adéntrate en este pasaje de las Escrituras. Acércate a Jesús y siéntate a su lado. Jesús te pregunta: "¿Observas esta misma situación en nuestros días? ¿Qué puedes hacer?" Contéstale: "Tengo miedo de guiar a alguien. Me faltan habilidades, educación, sensibilidad...".

¿Cómo terminarías esta conversación? Repasa tus pensamientos y emociones. Padre nuestro....

Génesis 32:23–33
Salmo 17:1b,2–3,6–7ab,8b y 15
Mateo 9:32–38

Miércoles
12 DE JULIO

Estos son los nombres de los doce apóstoles: el primero de todos, Simón, llamado Pedro, y su hermano Andrés; Santiago y su hermano Juan, hijos del Zebedeo...
—MATEO 10:2

¿Puede algo extraordinario venir de una persona ordinaria?

El Evangelio menciona a los doce apóstoles que fueron testigos de la vida, del ministerio, de la Muerte y la Resurrección de Jesús. Eran hombres corrientes, con nombres comunes. Pedro era un pescador; Mateo, un cobrador de impuestos y Simón un cananita, por mencionar algunos. Fueron hombres corrientes que adquirieron una fe extraordinaria y dieron su vida por Jesús y el Evangelio. Por eso son modelos a seguir. Los apóstoles nos invitan a tener la misma fe extraordinaria en Jesucristo y a pertenecer a su Iglesia, para que a través de nuestro fiel trabajo y ministerio demos a conocer la Buena Nueva.

Hoy, escoge a uno de los apóstoles, aprende algo de él e imítalo.

Génesis 41:55–57; 42:5–7a,17–24a
Salmo 33:2–3,10–11,18–19
Mateo 10:1–7

Jueves
13 DE JULIO
• SAN ENRIQUE •

Envió Jesús a los Doce con estas instrucciones: "Vayan y proclamen por el camino que ya se acerca el Reino de los cielos".
—MATEO 10:7

¿Buscas darle sentido y propósito a tu vida?

Cuando descubrimos el sentido de nuestra vida, es fácil dedicarnos de lleno a lograr ese propósito. Por ejemplo, cuando una mamá reconoce su papel de madre, su vida adquiere un significado diferente. Todo lo que hace —trabajo, cocina, lectura— se enfoca en ser la mejor madre posible. Como católicos bautizados compartimos la misión de Jesucristo de proclamar que el reino de Dios está cerca. Esto significa poner a Dios primero en todo lo que hacemos y dedicar nuestra vida a la transformación de un mundo oscuro en un mundo de luz.

Vive la misión y el propósito que se te dio en el Bautismo. Antepone a Dios en tu vida y proclama su reino.

Génesis 44:18–21,23b–29; 45:1–5
Salmo 105:16–17,18–19,20–21
Mateo 10:7–15

Viernes

14 DE JULIO

• SANTA CATALINA TEKAKWITHA, VIRGEN •

Pues no serán ustedes los que hablen, sino el Espíritu de su Padre el que hablará por ustedes.
—MATEO 10:20

¿Confías en que el Espíritu Santo está contigo?

El Espíritu Santo es lo que nos permite enfrentar los demonios, problemas o crisis personales que nos depara la vida. Cuando nos falta fe en el poder del Espíritu Santo obrando en nosotros, permanecemos en la oscuridad y llenamos nuestra vida de miedos. Como resultado, tomamos malas decisiones que nos distraen y nos desvían de Dios y de todo lo que es bueno. Debemos tener fe, estar abiertos y dejar que el Espíritu Santo obre en nuestra vida para ver los grandes acontecimientos de Dios.

Confía en el poder del Espíritu Santo en tu vida.

Génesis 46:1–7,28–30
Salmo 37:3–4,18–19,27–28,39–40
Mateo 10:16–23

Sábado

15 DE JULIO

• SAN BUENAVENTURA, OBISPO Y DOCTOR DE LA IGLESIA •

A quien me reconozca delante de los hombres, yo también lo reconoceré ante mi Padre.
—MATEO 10:32

¿Hacia dónde vamos?

Deberíamos responder que vamos al cielo, o al menos camino al cielo. Nuestra meta es el cielo y la eterna comunión con Dios, así que todo lo que hacemos a diario está dirigido hacia esa meta. La manera como nos comportamos y tratamos a los demás, lo que hacemos y decimos, indica hacia dónde vamos. No debemos permitir que nada nos desvíe. Como parte de nuestra espiritualidad, es importante recordar que Jesús ganó la gloria eterna del cielo para nosotros y que debemos trabajar cada día para seguir ese camino.

Repasa tus últimas 24 horas. ¿Cuáles de tus acciones muestran que caminas hacia el cielo? ¿Qué harás las siguientes 24 horas para mantenerte en ese camino?

Génesis 49:29–32; 50:15–26a
Salmo 105:1–2,3–4,6–7
Mateo 10:24–33

Domingo
16 DE JULIO

• XV DOMINGO DEL TIEMPO ORDINARIO •

"Otros granos cayeron en tierra buena y dieron fruto: unos, ciento por uno; otros, sesenta; y otros, treinta."
—MATEO 13:8

¿Qué pasa cuando una semilla no florece?

Cada invierno vemos que las temperaturas bajan, las hojas se caen, los árboles se quedan desnudos y los cielos se tornan grises. Pareciera que todo está muriendo. Pero luego sale el sol, se calienta la tierra, las flores se abren y el pasto crece. Disfrutamos el verano al ver que hay semillas en la tierra que darán nueva vida. Estas semillas son como nuestro camino de fe. En cada invierno de nuestra vida debemos nutrir las semillas que Dios ha plantado en nosotros. La fe nos ayudará a que germinen en el verano.

Pasa tiempo al aire libre este verano.

Reflexiona en el crecimiento espiritual que has experimentado en tu vida.

Isaías 55:10–11
Salmo 65:10,11,12–13,14
Romanos 8:18–23
Mateo 13:1–23 o 13:1–9

Lunes
17 DE JULIO

"El que salva su vida, la perderá y el que la pierda por mí, la salvará del".
—MATEO 10:39

Ponte en la presencia de Dios, oración preparatoria, lectura, contemplación, diálogo, oración final.

El discipulado nos exige un corazón enfocado en Jesucristo. Eso significa definir las prioridades de nuestra vida. No se trata de relegar a los padres ni de ir en contra de ellos, sino de que Jesús sea siempre el primero. Tampoco se trata de perder. Al contrario, cuando Jesús ocupa el primer lugar, nuestras relaciones son más profundas porque están conectadas con Dios.

Adéntrate en el pasaje de las Escrituras. Acércate a Jesús y siéntate a su lado. Jesús te pregunta: "¿Te da miedo anteponerme a todas las cosas? ¿Hay algo que detenga tu corazón?". Tú le preguntas: "¿Me ayudarías a tener un corazón que se preocupe solo por lo importante?".

¿Cómo terminarías esta conversación? Repasa tus pensamientos y emociones. Padre nuestro. . . .

Éxodo 1:8–14,22
Salmo 124:1b–3,4–6,7–8
Mateo 10:34—11:1

Martes

18 DE JULIO

• SAN CAMILO DE LELLIS, PRESBÍTERO •

En aquel tiempo, Jesús se puso a reprender a las ciudades que habían visto sus numerosos milagros, por no haberse arrepentido.
—MATEO 11:20

¿Rechazas a Cristo de alguna manera?

Es difícil asimilar el hecho de que Jesús experimentó el rechazo, pues hoy lo vemos desde la perspectiva de la Resurrección, el poder y la gloria. Mientras que algunos aceptaron su mensaje y enseñanzas, otros no lo hicieron. Algunas personas rechazaron su ministerio, milagros, obras, predicaciones y a él mismo. Aun en la cruz, fue rechazado y abandonado. Como resultado de esta experiencia, Jesús se identifica plenamente con quienes son rechazados. Él entiende como nadie su dolor y su lucha.

En oración, pide a Dios valor y fuerza para defender a los rechazados. Reflexiona sobre un momento en el que quizás hayas rechazado a Jesús.

Éxodo 2:1–15a
Salmo 69:3,14,30–31,33–34
Mateo 11:20–24

Miércoles
19 DE JULIO

Jesús exclamó: "¡Te doy gracias, Padre, Señor del cielo y de la tierra, porque has escondido estas cosas a los sabios entendidos, y las has revelado a la gente sencilla!".
—MATEO 11:25

¿Cuándo fue la última vez que Dios te sorprendió?

Los niños viven con una sencillez que les permite gozar de cada cosa y de cada momento de manera singular. Piensa en cómo se maravilla un bebé cuando descubre sus deditos o cuando ve por vez primera un mono de peluche o un copo de nieve. Dios intenta sorprendernos todos los días de la manera más sencilla. El consejo de mi pastor es: "Déjate sorprender, no de susto, sino de gusto". Cuando dejamos que Dios nos sorprenda, nos maravillamos de su asombrosa presencia en nuestra vida.

Cuenta las veces en las que te sorprendiste hoy y alaba a Dios. Trata de encontrar a Dios en todas las cosas que observes.

Éxodo 3:1–6,9–12
Salmo 103:1b–2,3–4,6–7
Mateo 11:25–27

Jueves
20 DE JULIO
• SAN APOLINAR, OBISPO Y MÁRTIR •

"Vengan a mí, todos los que están fatigados y agobiados por la carga, y yo los alivaiare".
—MATEO 11:28

¿Puedes ofrecer descanso?

Un día por la tarde tomé el metro de regreso a casa. En el vagón vi muchas personas fatigadas luego de su jornada de trabajo: un hombre con los hombros caídos y el rostro exhausto, otro hombre tambaleándose del sueño, una mujer que parecía haber estado de pie 12 horas seguidas y otra mujer que se masajeaba las manos porque seguramente había trabajado doble jornada. Todos merecían un descanso. Esto me hizo reflexionar en si mis acciones e interacciones pueden ofrecer descanso a la gente con la que me encuentro a diario.

Te invito a sonreír y saludar a la cajera que te atiende en el supermercado. Si te gusta la comida del restaurante, agradece al cocinero o pregunta por el gerente y elogia el servicio.

Éxodo 3:13–20
Salmo 105:1 y 5,8–9,24–25,26–27
Mateo 11:28–30

Viernes
21 DE JULIO

• SAN LORENZO DE BRINDIS, PRESBÍTERO Y DOCTOR DE LA IGLESIA •

"Si ustedes comprendieran el sentido de las palabras: 'Misericordia quiero y no sacrificios', no condenarían a quienes no tienen ninguna culpa".
—MATEO 12:7

¿Practicas la misericordia?

Un día mi amiga Eliasara fue a la tienda y vio a una madre con tres niños que pedía ayuda. Su esposo ya había sido deportado en una redada. La cajera salió a prevenirla, diciendo que el gerente ya había llamado a la patrulla fronteriza. La madre empezó a llorar pues ninguno de ellos tenía papeles. Sin pensarlo dos veces, mi amiga los subió en su camioneta y los llevó a un lugar donde estuvieran a salvo. Cuando Eliasara le contó esto a su marido, él la recriminó por el riesgo que había corrido. La respuesta de Eliasara fue sencilla: "En ellos vi el rostro de Jesús".

Reflexiona sobre cómo puedes practicar la misericordia. Ve el rostro de Jesús en los que te necesiten.

Éxodo 11:10—12:14
Salmo 116:12–13,15 y 16bc,17–18
Mateo 12:1–8

Sábado
22 DE JULIO

• SANTA MARÍA MAGDALENA •

María Magdalena se fue a ver a los discípulos para decirles que había visto al señor y para darles su mensaje.
—JUAN 20:18

¿Quiénes son los responsables de llevar la Buena Nueva al mundo?

María Magdalena formó parte de un momento privilegiado. Ella, una mujer, fue el primer testigo de la Resurrección. Inmediatamente Jesús la envió a proclamar a los discípulos que él había resucitado. Es por eso que María Magdalena desempeña un papel muy significativo en la Iglesia. María Magdalena nos recuerda hoy que Jesús es inclusivo con todas las personas, y que tanto hombres como mujeres tienen la responsabilidad de continuar anunciando la Buena Nueva.

Asume tu responsabilidad y tu papel privilegiado en la Iglesia. Vive tu creencia en la Resurrección y lleva la Buena Nueva de Jesucristo.

Éxodo 12:37–42
Salmo 136:1 y 23–24,10–12,13–15
Juan 20:1–2,11–18

Domingo
23 DE JULIO
• XVI DOMINGO DEL TIEMPO ORDINARIO •

No sea que, al arrancar la cizaña, arranquen también el trigo.
—MATEO 13:29

¿Conoces a alguien que parece ser una causa perdida?

Hay un dicho que dice: "Árbol que crece torcido, jamás su tronco endereza". Pero todos conocemos el gran poder de Dios y sabemos que ese poder puede transformar hasta las causas más pérdidas. Piensa en la madre de un alcohólico o un drogadicto que nunca cesa de pedirle a Dios que toque y transforme el corazón de su hijo. Sabemos que Dios no quita los vicios, pero el poder de la oración ayuda a las personas a abrir su corazón para que este pueda ser transformado con el amor y la gracia de Dios.

Pide en oración por alguien que parece ser una causa perdida.

Sabiduría 12:13,16–19
Salmo 86:5–6,9–10,15–16(5a)
Romanos 8:26–27
Mateo 13:24–43 o 13:24–30

Lunes
24 DE JULIO
• SAN CHARBEL MAKHLUF, PRESBÍTERO •

En aquel tiempo, le dijeron a Jesús algunos escribas y fariseos: "Maestro, queremos verte hacer una señal prodigiosa".
—MATEO 12:38

¿Puedes vivir sin pruebas?

Vivimos en un mundo que exige pruebas o algún tipo de señal para todo. A veces se nos cuestionan nuestras creencias, lo que puede causarnos dudas y debilitar nuestra fe. La vida es un misterio y no hay respuestas para todo. Pero sí tenemos la respuesta para el gran misterio de la Resurrección de Jesucristo. La Resurrección es el centro de nuestra fe; el lugar donde se cimienta y moldea quienes somos. Gracias a la Resurrección ya no tenemos miedo sino esperanza, sabemos que la muerte no gana y tenemos una comunidad de creyentes que camina unida.

Vive el misterio de la Resurrección y sé fuerte en tu fe.

Éxodo 14:5–18
Éxodus 15:1bc–2,3–4,5–6
Mateo 12:38–42

Martes
25 DE JULIO
• SANTIAGO, APÓSTOL •

El que quiere ser grande entre ustedes, que sea el que le sirva, y el que quiere ser primero, que sea su esclavo.
—MATEO 20:26–27

¿Te impide tu orgullo servir a Dios?

Jesús nos dice una y otra vez que la lógica de Dios no es la lógica de la sociedad. A veces deseamos algo basándonos en las definiciones que la sociedad nos da de lo que es ser el primero, el más grande o el más exitoso. Pero estas no son definiciones de Dios. Cuando escuchamos la lógica de la sociedad caemos en la trampa de compararnos con otros y permitir que nuestro orgullo impere. Como resultado, el orgullo se nos atraviesa, impidiéndonos servir a Dios, y nos dedicamos a servirnos a nosotros mismos.

Sirve a los que te rodean con amor desinteresado y así entenderás mejor la lógica de Dios.

2 Corintios 4:7–15
Salmo 126:1bc–2ab,2cd–3,4–5,6
Mateo 20:20–28

Miércoles
26 DE JULIO
• SAN JOAQUÍN Y SANTA ANA, PADRES DE LA VIRGEN MARÍA •

Otros granos cayeron en tierra buena y dieron fruto: unos, ciento por uno; otros, sesenta; y otros, treinta.
—MATEO 13:8

¿Cómo instruyes en la fe a los que te rodean?

Muchos de nosotros aprendimos a valorar la fe a través de nuestros padres, abuelos, padrinos, familiares o vecinos. Presenciamos cómo vivían su fe y ahora lo aplicamos a nuestra vida. Algunos vimos a nuestras abuelas rezar el rosario varias veces al día, a nuestro padre hablar con Dios constantemente y a nuestra madres darnos la bendición antes de salir de casa. Asimismo, san Joaquín y santa Ana educaron a nuestra madre María Santísima como una persona de fe.

Evoca a quienes te inculcaron la fe y la responsabilidad de ser un buen miembro de familia, vecino y amigo. Transmite esa fe y ayuda a otros a creer en Dios a través de tus obras, palabras y acciones.

Éxodo 16:1–5,9–15
Salmo 78:18–19,23–24,25–26,27–28
Mateo 13:1–9

Jueves
27 DE JULIO

Por eso les hablo en parábolas, porque viendo, no ven y oyendo, no oyen ni entienden.
—MATEO 13:13

¿Recuerdas el Evangelio del domingo pasado?

Vivimos en un mundo ruidoso y acelerado que deja muy poco tiempo para la reflexión. A veces no vivimos el momento presente por estar distraídos con una pantalla o pensando en lo que tenemos por hacer. Como resultado oímos, pero no escuchamos. Cuando oímos usamos nuestros oídos, pero cuando escuchamos nos involucramos y saboreamos la vida.

Escucha la voz de Dios a través de las Escrituras y notarás que su amor y cuidado están entre los que te rodean. No te limites a oír. ¡Escucha la voz de tu corazón!

Éxodo 19:1–2,9–11,16–20b
Daniel 3:52,53,54,55,56
Mateo 13:10–17

Viernes
28 DE JULIO

En cambio, lo sembrado en tierra buena representa a quienes oyen la palabra, la entienden y dan fruto; unos, el ciento por uno; otros, el sesenta; y otros, el treinta.
—MATEO 13:23

Ponte en la presencia de Dios, oración preparatoria, lectura, contemplación, diálogo, oración final.

La semilla es descrita como la palabra del reino, lo que significa la buena nueva del reino de Dios. En otras palabras, el mensaje de Jesús en el Evangelio es sembrado cuando nosotros lo recibimos. ¿Qué tipo de tierra somos cuando escuchamos su palabra?

Adéntrate en el pasaje de las Escrituras y escucha a Jesús contar esta parábola. Acércate a Jesús y siéntate a su lado. Él te dice: "¿Es una prioridad en tu vida leer la palabra de Dios? ¿Qué tipo de tierra crees que da fruto?". En respuesta, tú le pides: "¿Me ayudarías? ¿Me guiarías?".

¿Cómo terminarías esta conversación? Repasa tus pensamientos y emociones. Padre nuestro. . . .

Éxodo 20:1–17
Salmo 19:8,9,10,11
Mateo 13:18–23

Sábado

29 DE JULIO

• SANTA MARTA •

Señor, ¿no te has dado cuenta de que mi hermana me ha dejado sola con todo el quehacer? Dile que me ayude.
—LUCAS 10:40

¿Revelan tus actividades diarias una actitud de amor desinteresado?

Se dice entre los hispanos que, cuando la salsa está muy picosa, es porque la persona que la hizo estaba muy enojada. El enojo se transfiere a lo que cocinamos. En otras palabras, la actitud y los sentimientos tienen un efecto en todo lo que hacemos. Otro ejemplo son los frijolitos de tu abuelita. A pesar de que eran unos humildes frijoles, ella les infundía tanto amor que resultaban absolutamente deliciosos.

Todos tenemos compromisos laborales, familiares y parroquiales. Pero si nos enojamos o somos agrios al realizar las tareas, perdemos el punto.

Realiza tus actividades con alegría y amor, o no las hagas.

Éxodo 24:3–8
Salmo 50:1b–2,5–6,14–15
Juan 11:19–27 y Lucas 10:38–42

Domingo

30 DE JULIO

• XVII DOMINGO DEL TIEMPO ORDINARIO •

El Reino de los cielos se parece también a un comerciante en perlas finas que, al encontrar una perla muy valiosa, va y vende cuánto tiene y la compra.
—MATEO 13:46

¿Qué es lo más valioso que posees?

Los comerciales y vendedores se las ingenian para persuadirnos de que lo más valioso en nuestra vida son las posesiones materiales. Pero a menudo vivimos situaciones que nos obligan a recapacitar sobre esto. Por ejemplo un aniversario, un cumpleaños significativo, la muerte de un ser querido, una enfermedad o la pérdida de trabajo, nos ayudan a recordar lo que es realmente valioso. Es entonces cuando lo inmaterial —la familia, los amigos y los seres queridos— adquieren relevancia. Recordemos también que Cristo es nuestro tesoro y que las perlas son nuestra fe y el reino de Dios.

¡Valora los tesoros que Dios te ha dado!

1 Reyes 3:5,7–12
Salmo 119:57,72,76–77,127–128,129–130(97a)
Romanos 8:28–30
Mateo 13:44–52 o 13:44–46

Lunes
31 DE JULIO
• SAN IGNACIO DE LOYOLA, PRESBÍTERO •

"Ciertamente es la más pequeña de todas las semillas, pero cuando crece, llega a ser más grande que las hortalizas y se convierte en un arbusto, de manera que los pájaros vienen y hacen su nido en las ramas".
—MATEO 13:32

¿Supo san Ignacio que su ministerio fue una semillita de mostaza?

En la festividad de san Ignacio agradecemos su ejemplo, su sabiduría y sus palabras: "La meta de nuestra vida es vivir con Dios por siempre. Dios, que nos ama, nos dio la vida. Nuestra respuesta a ese amor permite que fluya en nosotros, sin límite, la vida de Dios. Todas las cosas en nuestro mundo son don de Dios, dado a nosotros para que más fácilmente podamos conocer a Dios y podamos regresar fácilmente ese amor. . . . Nuestro único deseo y elección debería ser este: quiero y elijo lo que mejor me conduce a la total dependencia de Dios en mi vida".

Éxodo 32:15–24,30–34
Salmo 106:19–20,21–22,23
Mateo 13:31–35

Martes
1 DE AGOSTO

• SAN ALFONSO MARÍA DE LIGORIO, OBISPO Y DOCTOR DE LA IGLESIA •

"La cizaña son los partidarios del demonio; el enemigo que la siembra es el demonio".
—MATEO 13:38–39

¿Qué pensamientos o palabras vienen a tu mente cuando piensas en la mala hierba?

La mala hierba es una planta silvestre que puede echar a perder un hermoso pasto o jardín. Sus fuertes raíces son capaces de ahogar todo lo que crece a su alrededor. La mala hierba simboliza las cosas que no son de Dios, como el tráfico de personas, el crimen, la injusticia y la muerte. Todo esto puede ahogar vidas humanas y retar a quienes viven fielmente su discipulado, impidiéndoles distinguir entre la semilla buena y la hierba mala.

Sé una voz y un testigo que apoye el reino de Dios y todo lo que sea bueno. No tengas miedo de mostrar tu catolicismo como una alternativa a la mala hierba del mundo.

Éxodo 33:7–11; 34:5b–9,28
Salmo 103:6–7,8–9,10–11,12–13
Mateo 13:36–43

Miércoles
2 DE AGOSTO
• SAN EUSEBIO DE VERCELLI, OBISPO •

"Al encontrar una perla muy valiosa, va y vende cuanto tiene y la compra".
—MATEO 13:46

¿Qué ves cuando te miras al espejo?

Algunos estudios indican que una persona se mira en promedio al espejo de 8 a 10 veces al día, mientras que otros indican que puede ser hasta de 60 a 70 veces. Cuando nos vemos en el espejo con ojos críticos, solo percibimos las imperfecciones que saltan a la vista. Perdemos la oportunidad de sobrepasar la superficie y llegar hasta ese lugar que refleja la belleza y la grandiosidad de Dios. Debemos mirarnos al espejo con los ojos de Dios y reconocer que somos la perla de gran valor. Y que Jesús es el hombre que dio todo, hasta su propia vida, por esa perla.

Contempla tu reflejo por un minuto. Mírate con los ojos de Dios y reconoce la gran perla en ti.

Éxodo 34:29–35
Salmo 99:5,6,7,9
Mateo 13:44–46

Jueves

3 DE AGOSTO

"Cuando se llena la red, los pescadores la sacan a playa y se sientan a escoger los pescados; ponen los buenos en canastos y tiran los malos".
—MATEO 13:48

¿Es posible que sin saberlo seas parte de lo maligno?

Nuestro trabajo es continuar la misión de Jesús y trabajar por el reino. Realizamos nuestra labor en medio del poder terrenal del maligno, que se refleja en males como la pobreza, el terrorismo y la explotación del ser humano. Nuestra lealtad es hacia Dios y nuestro trabajo implica aliviar el sufrimiento. Pero puede ser fácil ser parte del maligno. Por ejemplo, cuando la reacción ante los refugiados que llegan a Estados Unidos huyendo de la persecución no es de bienvenida, sino de rechazo.

¡Ayuda a revelar el reino de Dios! Trabaja por ese reino y pon de tu parte para impedir que el poder del maligno cause sufrimiento a las personas.

Éxodo 40:16–21,34–38
Salmo 84:3,4,5–6a y 8a,11
Mateo 13:47–53

Viernes
4 DE AGOSTO
• SAN JUAN MARÍA VIANNEY, PRESBÍTERO •

"Un profeta no es despreciado más que en su patria y en su casa".
—MATEO 13:57

¿Quién es tu modelo de vida?

Jesús siempre fue y siempre será verdadero Dios y verdadero hombre. Se identifica completamente con nuestra condición humana y en su divinidad nos representa ante la Trinidad. Esto nos marca el camino para que lo reconozcamos como nuestro modelo a seguir. Cuando nos sintamos confundidos sobre qué decisión tomar, a qué darle importancia en nuestra vida o cómo actuar, debemos voltearnos hacia Jesús, nuestro modelo a seguir. Veremos que, si seguimos sus enseñanzas, nuestra vida será plena. Él se hizo hombre para enseñarnos a vivir y amar.

Al evocar las últimas 24 horas, ¿en qué momentos fue Jesús tu modelo de vida? Invita a Jesús a ser tu modelo de vida las siguientes 24.

Levítico 23:1,4–11,15–16,27,34b–37
Salmo 81:3–4,5–6,10–11ab
Mateo 13:54–58

Sábado
5 DE AGOSTO
• DEDICACIÓN DE LA BASÍLICA DE SANTA MARÍA LA MAYOR •

Trajeron, pues, la cabeza en una bandeja, se la entregaron a la joven y ella se la llevó a su madre.
—MATEO 14:9–10

Ponte en la presencia de Dios, oración preparatoria, lectura, contemplación, diálogo, oración final.

Herodes es un cobarde que escoge agradar a su esposa y a su hija en sus maliciosos deseos. Como resultado, un gran profeta muere. Es importante que sigamos nuestra fe con convicción y maduremos como personas de valores, que dejan a Dios guiar su vida y se mantienen firmes en lo que es correcto y bueno.

Adéntrate en este pasaje de las Escrituras y habla con Herodes. Pregúntale: "¿Por qué no te mantuviste firme en decir no?". Herodes te pregunta a su vez: "¿Acaso no recuerdas alguna ocasión en la que no hayas tenido el valor de mantenerte firme en tus convicciones?".

¿Cómo terminarías esta conversación? Repasa tus pensamientos y emociones. Padre nuestro. . . .

Levítico 25:1,8–17
Salmo 67:2–3,5,7–8
Mateo 14:1–12

Domingo
6 DE AGOSTO

• LA TRANSFIGURACIÓN DE NUESTRO SEÑOR JESUCRISTO •

Ahí se transfiguró en su presencia: su rostro se puso resplandeciente como el sol y sus vestiduras se volvieron blancas como la nieve.
—MATEO 17:2

¿Hacia dónde vas?

Nuestro diario caminar se dirige hacia una mejor vida. Así lo atestiguan algunos hermosos ejemplos de la Biblia: el pueblo de Moisés en éxodo hacia la tierra prometida, María y José en camino para proteger al niño Jesús, los discípulos que andaban por la calzada de Emaús. Estos entrañables ejemplos de las Escrituras nos invitan a caminar hacia una transformación profunda en nuestra relación con Dios.

Permítele a Dios que te transforme con su amor, justicia y misericordia. Permanece en el buen camino y esfuérzate por ser un discípulo que pueda ser transformado por el misterio de Dios.

Daniel 7:9–10,13–14
Salmo 97:1–2,5–6,9
2 Pedro 1:16–19
Mateo 17:1–9

Lunes
7 DE AGOSTO

• SIXTO II, PAPA Y MÁRTIR, Y COMPAÑEROS MÁRTIRES • SAN CAYETANO, PRESBÍTERO •

Pero Jesús les replicó: "No hace falta que vayan. Denles ustedes de comer".
—MATEO 14:16

Ponte en la presencia de Dios, oración preparatoria, lectura, contemplación, diálogo, oración final.

Jesús enseña a sus discípulos la responsabilidad de cuidar de los demás diciendo: "Denles ustedes de comer". Cuando tenemos una actitud compasiva y cuidamos y alimentamos a los hambrientos, las viudas, los inmigrantes y los niños, experimentamos abundantes bendiciones en nuestra vida.

Adéntrate en este pasaje del Evangelio. Acércate a Jesús y siéntate a su lado. Jesús te pregunta: "¿En los últimos días negaste ayuda al hambriento? ¿Te das cuenta de que cuando sigues mis mandatos experimentas el amor de Dios?". Tú le preguntas: "¿Cómo puedo tener ojos de compasión para mis hermanos?".

¿Cómo terminarías esta conversación? Repasa tus pensamientos y emociones. Padre nuestro. . . .

Números 11:4b–15
Salmo 81:12–13,14–15,16–17
Mateo 14:13–21

Martes
8 DE AGOSTO

• SANTO DOMINGO DE GUZMÁN, PRESBÍTERO •

Pero al sentir la fuerza del viento, le entró miedo, comenzó a hundirse y gritó: "¡Sálvame, Señor!".
—MATEO 14:30

¿Te enfocas en Jesús durante las tormentas de la vida?

Los problemas y las luchas de la vida a veces son tan abrumadores, que nos concentramos únicamente en ellos. Eso fue lo que le pasó a Pedro cuando caminó por el agua. Cuando se enfocaba en Jesús todo estaba bien, pero cuando se dejó llevar por el miedo, se comenzó a hundir. La mano de Jesús estaba ahí para levantarlo. A veces somos como Pedro y solo miramos nuestros problemas y miedos.

Contempla una imagen de Jesús y en oración pídele valor y confianza. ¡Su mano siempre estará ahí para levantarte!

Números 12:1–13
Salmo 51:3–4,5–6ab,6cd–7,12–13
Mateo 14:22–36 o 15:1–2,10–14

Miércoles
9 DE AGOSTO

• SANTA TERESA BENEDICTA DE LA CRUZ, VIRGEN Y MÁRTIR •

"Mujer, ¡qué grande es tu fe! Que se cumpla lo que deseas".
—MATEO 15:28

Cuándo no consigues lo que quieres, ¿te rindes?

No siempre obtenemos lo que queremos al instante. Por ejemplo, no podemos arreglar la tubería rota o el auto averiado en un dos por tres, ni aliviarnos de un resfriado en un par de horas. En tales casos nos sentimos frustrados porque nos vemos forzados a cambiar de planes. Estos momentos de frustración son importantes porque nos ayudan a practicar la virtud de la perseverancia y a desarrollar una fuerza interior para enfrentar obstáculos mayores sabiendo que contamos con la bendición de Dios.

¡No te desanimes! Persevera con la esperanza de saber que siempre habrá bendiciones en tu vida.

Números 13:1–2,25—14:1,26a–29a,34–35
Salmo 106:6–7ab,13–14,21–22,23
Mateo 15:21–28

Jueves

10 DE AGOSTO

• SAN LORENZO, DIÁCONO Y MÁRTIR •

"Yo les aseguro que si el grano de trigo sembrado en la tierra, no muere, queda infecundo; pero si muere, producirá mucho fruto".
—JUAN 12:24

¿Le tienes miedo a la muerte?

A muchas personas les incomoda hablar de la muerte porque le tienen temor. Pero para las personas de fe, la muerte es una oportunidad de ser nuevos en Cristo. La muerte a la que nos llama el Evangelio es un total abandono y una completa sumisión a las cosas de Dios. Debemos dejar el egoísmo y el apego al dinero, a las apariencias y a las posesiones. Esto nos consume la vida y nos roba la felicidad y la plenitud. Cuando morimos a las cosas banales e insignificantes, resucitamos a una significativa vida con Jesús.

¡Ábrete a una muerte que te permita llevar una vida más completa y plena!

2 Corintios 9:6–10
Salmo 112:1–2,5–6,7–8,9
Juan 12:24–26

Viernes
11 DE AGOSTO
• SANTA CLARA, VIRGEN •

"El que quiera venir conmigo, que renuncie a sí mismo, que tome su cruz y me siga".
—MATEO 16:24

¿Estás dispuesto a renunciar a ti mismo y tomar la cruz?

Según la lógica del mundo actual esto tiene una connotación negativa, porque renunciar a nosotros mismos se asocia con un sentimiento de inferioridad. Pero renunciar a nosotros mismos en el contexto del Evangelio significa poner a Dios primero. En vez de ponernos en el centro del universo, ponemos a Jesús. El segundo mandato de tomar la cruz también puede parecer negativo, como si Dios intencionalmente nos impusiera problemas y sufrimientos para ponernos a prueba. Pero la cruz tiene un significado más grande: es el ofrecimiento mismo de Jesús a nosotros por amor. Cuando tomamos nuestra cruz, se nos invita a ser más como Jesús en humildad y amor.

Pon a Dios primero y esfuérzate en ser más como Jesús.

Deuteronomio 4:32–40
Salmo 77:12–13,14–15,16 y 21
Mateo 16:24–28

Sábado
12 DE AGOSTO
• SANTA JUANA FRANCISCA DE CHANTAL, RELIGIOSA •

"Pues yo les aseguro que si ustedes tuvieran fe al menos del tamaño de una semilla de mostaza, podrían decirle a ese monte: 'Trasládate de aquí para allá', y el monte se trasladaría".
—MATEO 17:20

¿Sigues cargando heridas del pasado?

En los tiempos de Jesús, la semilla de mostaza se consideraba una hierba curativa, que crecía y se esparcía como cualquier hierba silvestre. Esta es la manera en la que Jesús nos expresa que su presencia sanadora está en todos lados. Muchos cargamos heridas que nos agobian y nos hacen sentir desamparados. Esas heridas nos pesan y nos impiden ver la solución. Jesús nos dice que tenemos el regalo de su presencia sanadora, especialmente en los momentos en los que perdemos la esperanza. Recordemos que si Jesús puede caminar en el agua, también puede sanar nuestras heridas.

¡Pide la presencia sanadora de Jesús!

Deuteronomio 6:4–13
Salmo 18:2–3a,3c–4,47 y 51
Mateo 17:14–20

Domingo
13 DE AGOSTO
• XIX DOMINGO DEL TIEMPO ORDINARIO •

Después de despedirla, subió al monte a solas para orar. Llegada la noche, estaba él solo allí.
—MATEO 14:23

¿Cuántas veces Jesús dejó a todos para estar a solas en oración con el Padre?

Jesús siempre fue uno con el Padre. Cuando oramos, él nos invita a una íntima comunión entre el Padre y el Hijo. A veces pensamos que la oración se limita a recitar fórmulas como el Ave María o el Padrenuestro. Pero la razón primordial de estas oraciones es guiarnos a una profunda relación con Dios. Jesús nos enseña que es más fácil orar si estamos cerca de él. No debemos concentrarnos en memorizar oraciones sino en conocer a Jesús más profundamente.

Acércate al Padre y al Hijo para una mejor oración. ¡Eso es comunión!

1 Reyes 19:9a,11–13a
Salmo 85:9,10,11–12,13–14
Romanos 9:1–5
Mateo 14:22–33

Lunes
14 DE AGOSTO
• SAN MAXIMILIANO MARÍA KOLBE, PRESBÍTERO Y MÁRTIR •

"El Hijo del hombre va a ser entregado en manos de los hombres; lo van a matar, pero al tercer día va a resucitar".
—MATEO 17:22–23

Si hubieras tenido la oportunidad de estar presente en la crucifixión, ¿hubieras ido?

Muchos hubiéramos querido rescatar a Jesús o hasta tomar su lugar. Pero había un complot para matarlo y poner fin al reino de Dios entre nosotros. Aunque no pudimos presenciar la crucifixión, en nuestros tiempos aún podemos dar la vida por el reino de Dios, como lo han hecho Oscar Romero, Dorothy Day y el papa Francisco.

Te invito a imponerte contra las fuerzas destructivas que maquinan contra el plan de Dios, como el aborto, la discriminación y la destrucción del medio ambiente. No permitas que estas fuerzas pongan fin a lo que Dios quiere para nosotros.

Deuteronomio 10:12–22
Salmo 147:12–13,14–15,19–20
Mateo 17:22–27

Martes
15 DE AGOSTO
• LA ASUNCIÓN DE LA SANTÍSIMA VIRGEN MARÍA •

"¡Bendita tú entre las mujeres y bendito el fruto de tu vientre!".
—LUCAS 1:42

Ponte en la presencia de Dios, oración preparatoria, lectura, contemplación, diálogo, oración final.

Hoy celebramos la grandiosa fiesta de la Asunción de nuestra Madre Santísima. Por ser una fiel seguidora de Jesús, su recompensa fue el cielo. Su Asunción nos recuerda las promesas de Dios y lo que nos espera si somos fieles discípulos de Jesucristo.

Adéntrate en el pasaje de las Escrituras. Acércate a María y siéntate a su lado. Nuestra madre te dice: "¿Ves las promesas de la eterna gloria de Dios? ¿Permitirás que esto te inspire en tu ministerio y vida espiritual?". Tú le preguntas: "¿Me puedes guiar para ser mejor seguidor de tu hijo Jesús?".

¿Cómo terminarías esta conversación? Repasa tus pensamientos y emociones. Padre nuestro. . . .

MISA VESPERTINA DE LA VIGILIA:
1 Crónicas 15:3–4,15–16;16:1–2
Salmo 132:6–7,9–10,13–14
1 Corintios 15:54b–57
Lucas 11:27–28

MISA DEL DÍA:
Revelación 11:19a;12:1–6a,10ab
Salmo 45:10,11,12,16
1 Corintios 15:20–27
Lucas 1:39–56

Miércoles

16 DE AGOSTO

• SAN ESTEBAN DE HUNGRÍA •

"Pues donde dos o tres se reúnen en mi nombre, ahí estoy yo en medio de ellos".
—MATEO 18:20

¿Te sueles sentir solo?

Una de las grandes ansiedades de nuestro mundo es la sensación de soledad. Aunque estamos instantánea y constantemente conectados mediante las redes sociales, muchos se sienten solos y desconectados. Hay quien consume drogas o alcohol para llenar el vacío. Este pasaje de las Escrituras nos recuerda que la presencia de Dios se cumple cada vez que dos o más personas se reúnen en su nombre.

Para sentir la presencia de Dios más profundamente, únete hoy a un grupo parroquial o reúnete a rezar con dos o más personas. Ten plena confianza en que la presencia de Dios está contigo.

Deuteronomio 34:1–12
Salmo 66:1–3a,5 y 8,16–17
Mateo 18:15–20

Jueves
17 DE AGOSTO

"Si mi hermano me ofende, ¿cuántas veces tengo que perdonarlo? ¿Hasta siete veces?". Jesús le contestó: "No solo hasta siete, sino hasta setenta veces siete".
—MATEO 18:21–22

¿Y si no quieres perdonar?

El perdón es el tema central de esta predicación de Jesús. Tenemos numerosos ejemplos de la misericordia de Dios, desde el hijo pródigo que es recibido y abrazado por su padre y los trabajadores del viñedo que reciben un salario completo, hasta las últimas palabras de Jesús en la cruz. Perdonar es soltar el dolor, las heridas y las ofensas de la vida, reemplazándolas con el poder sanador de la cruz. Cuando perdonamos, somos libres para amar, vivir y recibir una mayor misericordia de Dios.

Te invito a perdonar a alguien que te haya herido. Así serás libre para amar más profundamente y estar cerca de Dios.

Josué 3:7–10a,11,13–17
Salmo 114:1–2,3–4,5–6
Mateo 18:21—19:1

Viernes
18 DE AGOSTO

"Por eso el hombre dejará a su padre y a su madre, para unirse a su mujer, y serán los dos una sola cosa".
—MATEO 19:5

¿Por qué es significativa la presencia de Dios en el matrimonio?

Una de las cosas más bellas del sacramento del matrimonio es la unidad de la pareja que presencia el deseo de Dios de ser uno con nosotros. Cuando los esposos se dicen "te amo", se están haciendo eco de las palabras de Dios. El regalo de la presencia de Dios en el matrimonio es un signo de su amor y un llamado a vivir la misión de abrazar a los demás, especialmente a los pobres y solitarios.

Si eres casado, reza para que Dios esté siempre presente en tu vida sacramental del matrimonio. Si eres soltero, reza por aquellos que están casados para que presencien el amor de Dios en su unión.

Josué 24:1–13
Salmo 136:1–3,16–18,21–22 y 24
Mateo 19:3–12

Sábado

19 DE AGOSTO

• SAN JUAN EUDES, PRESBÍTERO •

"Dejen a los niños y no les impidan que se acerquen a mí, porque de los que son como ellos es el Reino de los cielos".
—MATEO 19:14

¿Conoces a un niño que necesite de un abrazo?

Al evocar nuestra infancia, seguro recordamos a alguien que hacía un gran alboroto al vernos y nos abrazaba con cariño y alegría. A esa persona no le importaba si en ese preciso instante nos habíamos metido en líos o si nos iba bien o mal en la escuela. Esa persona nos veía como un niño de Dios y por eso nos demostraba todo su amor. Es maravilloso sentir que alguien nos ama sin juzgarnos y sin condiciones.

Sé abierto y extiende los brazos para recibir a los niños que te rodean. ¡Que tu abrazo amoroso sea como el de Jesús!

Josué 24:14–29
Salmo 16:1–2a y 5,7–8,11
Mateo 19:13–15

Domingo
20 DE AGOSTO

• XX DOMINGO DEL TIEMPO ORDINARIO •

"Señor, hijo de David, ten compasión de mí. Mi hija está terriblemente atormentada por un demonio".
—MATEO 15:22

¿Quién merece tu compasión?

Las Escrituras están llenas de historias que subrayan la compasión de Jesús. Hablan de cómo le tendió la mano a los que no eran judíos y a los que eran considerados impuros o escandalosos, como el leproso, la mujer hemorroísa o los cobradores de impuestos. En todas las relaciones, Jesús nos enseña la compasión. Nos invita a tener un solo corazón con él y a dar la mano compasivamente a todas las personas. Cuando entramos en la vida de alguien con compasión y compartimos sus sufrimientos, alegrías y esperanzas, crece nuestra capacidad humana, se enriquece nuestro amor y se sella nuestra intimidad con Dios.

En oración, pide tener mayor capacidad de amor para llegar a otros con la compasión de Jesús.

Isaías 56:1,6–7
Salmo 67:2–3,5,6,8(4)
Romanos 11:13–15,29–32
Mateo 15:21–28

Lunes
21 DE AGOSTO
• SAN PÍO X, PAPA •

Al oír estas palabras, el joven se fue entristecido, porque era muy rico.
—MATEO 19:22

¿Eres fiel a tus posesiones? ¿O eres fiel a Dios?

San Ignacio de Loyola nos reta a ser indiferentes a todas las cosas creadas. Pero ser indiferentes no significa quitarle toda importancia a los bienes materiales, sino poner a Dios primero. Si perdemos el trabajo o nuestras posesiones, pero aún tenemos a Dios, eso es lo único que importa. Cuando soltamos las cosas materiales y nos aferramos solo a Dios, lo demás pierde importancia. Esto no significa que Dios no quiera que tengamos cosas, sino que debemos ser fieles a Dios y no a nuestras posesiones.

En oración, pide tener una actitud de indiferencia para que puedas aferrarte a Dios y no a tus posesiones.

Jueces 2:11–19
Salmo 106:34–35,36–37,39–40,43ab y 44
Mateo 19:16–22

Martes
22 DE AGOSTO

• NUESTRO SEÑORA MARÍA REINA •

"Es más fácil que un camello pase por el ojo de una aguja, que un rico entre en el Reino de los cielos".
—MATEO 19:24

¿A qué cosas te aferras?

Fano, el sagaz caricaturista español que se inspira en temas religiosos, capta a la perfección las enseñanzas de las Escrituras en nuestro mundo moderno. Una de mis favoritas es la del joven rico que va al encuentro de Jesús. Al pasar por la puerta se atora porque a sus espaldas lleva un morral repleto de posesiones: computadora, zapatos, trofeos, televisión, caja fuerte y condecoraciones. Es claro que con su abultado morral no puede pasar por el estrecho marco de la puerta que lo lleva a su felicidad con Jesús.

Reflexiona sobre las cosas que hacen que te atores en la puerta. En oración, pide que las posesiones no te separen del amor y la felicidad que Jesús te ofrece.

Jueces 6:11–24a
Salmo 85:9,11–12,13–14
Mateo 19:23–30

Miércoles
23 DE AGOSTO

• SANTA ROSA DE LIMA, LA VIRGEN •

"¿Que no puedo hacer con lo mío lo que yo quiero? ¿O vas a tenerme rencor porque yo soy bueno?".
—MATEO 20:15

Ponte en la presencia de Dios, oración preparatoria, lectura, contemplación, diálogo, oración final.

Las bendiciones y promesas que recibimos de Dios son por su bondad y amor, no por nuestros méritos. Adéntrate en este pasaje del Evangelio y siéntate con el trabajador que recibió el mismo pago a pesar de haber llegado al final. Él te pregunta: "¿Sientes envidia cuando Dios es generoso con otros? ¿Te comparas con los demás? ¿Quieres conocer el amor generoso y la misericordia que Dios tiene para ti?".

Pregúntale: "Cuando sienta envidia o piense que merezco más que los demás, ¿cómo puedo entender mejor la generosidad de Dios?".

¿Cómo terminarías esta conversación? Repasa tus pensamientos y emociones. Padre nuestro. . . .

Jueces 9:6–15
Salmo 21:2–3,4–5,6–7
Mateo 20:1–16

Jueves

24 DE AGOSTO

• SAN BARTOLOMÉ, APÓSTOL •

Natanael replicó: "¿Acaso puede salir de Nazaret algo bueno?" Felipe le contestó: "Ven y lo verás".
—JUAN 1:46

¿Tu orgullo te hace pensar que eres una persona VIP?

Cuando el papa Francisco fue a Ciudad Juárez, México, se acercó a la orilla del río Grande a elevar una oración dirigida a El Paso, Texas. Del otro lado del río había un grupo de personas que tuvieron la oportunidad de saludarlo. Ese día, ellos fueron las personas distinguidas del Papa: inmigrantes, víctimas de violencia, personas con visa humanitaria, campesinos, obreros. El papa Francisco, quien siempre nos muestra su humildad, era el personaje central, pero les dio a los marginados y sufrientes el trato de personalidades distinguidas.

No te llenes de arrogancia, porque tus pasos serán guiados por la vanidad y los prejuicios. Sigue el ejemplo de humildad del papa Francisco y reconoce a todos como VIP's (personalidades distinguidas).

Apocalipsis 21:9b–14
Salmo 145:10–11,12–13,17–18
Juan 1:45–51

Viernes

25 DE AGOSTO

• SAN LUIS, REY • SAN JOSÉ DE CALASANZ, PRESBÍTERO •

"Maestro, ¿cuál es el mandamiento más grande de la ley?".
—MATEO 22:36

¿Cómo puedes compartir el amor de Dios?

Hay un dicho que dice: "Amor con amor se paga". Significa que si alguien nos ama, la única manera de responder o pagar ese amor es con amor. Cuando Jesús dice que el mandamiento más grande es amar a Dios y al prójimo, no significa que tengamos que iniciar esta acción. Si nos permitimos recibir el amor de Dios, seremos llenados de ese amor y naturalmente responderemos con amor. No es más que reconocer el amor de Dios en nuestra vida y regresarle ese amor a él.

¡Paga con amor!

Rut 1:1,3–6,14b–16,22
Salmo 146:5–6ab,6c–7,8–9a,9bc–10
Mateo 22:34–40

Sábado
26 DE AGOSTO

"Que el mayor de entre ustedes sea su servidor, porque el que se enaltece será humillado y el que se humilla será enaltecido".
—MATEO 23:12

¿Qué hay de malo en tener el mejor lugar?

Vivimos en un mundo en el que podemos pagar una suma adicional por obtener un lugar privilegiado o por recibir una mejor atención. El problema es que podemos enamorarnos tanto de ese lugar o servicio exclusivo, que nos llenamos de orgullo y creemos que merecemos mejor trato que las demás personas. El orgullo siempre ama los mejores lugares. Pero Jesús nos llama a ceder el orgullo porque todos somos preciosos a los ojos de Dios. Nadie es mejor que otro; todos somos iguales.

No permitas que el orgullo tome el control y te compares a los demás pensando en el lugar que ocupas. Sea cual sea el lugar que ocupes, ten una actitud humilde y servicial.

Rut 2:1–3,8–11;4:13–17
Salmo 128:1b–2,3,4,5
Mateo 23:1–12

Domingo

27 DE AGOSTO

• XXI DOMINGO DEL TIEMPO ORDINARIO •

Luego les preguntó: "Y ustedes, ¿quién dicen que soy yo?". Simón Pedro tomó la palabra y le dijo: "Tú eres el Mesías, el Hijo de Dios vivo".
—MATEO 16:15–16

En el corazón del Evangelio de hoy vemos dos preguntas: ¿"Quién dicen que soy yo?" y "¿Qué significa ser un discípulo de Jesús?". La jornada del discipulado nos permite responder con mayor profundidad a la pregunta de quién es Jesús, y como resultado comenzamos a entender mejor nuestra relación con él. Este es un proceso de toda la vida, ya que al conocer mejor a Jesús y describir quién es, descubriremos más acerca de nosotros como sus seguidores.

Jesús le pregunta a Pedro al mismo tiempo que te pregunta a ti: ¿"Quién dicen que soy yo?". Toma tiempo para reflexionar y contestar esa pregunta.

Isaías 22:19–23
Salmo 138:1–2,2–3,6,8(8bc)
Romanos 11:33–36
Mateo 16:13–20

Lunes
28 DE AGOSTO

• SAN AGUSTÍN, OBISPO Y DOCTOR DE LA IGLESIA •

"Y quien jura por el cielo, jura por el trono de Dios y por aquel que está sentado en él".
—MATEO 23:22

¿Alguna vez has dicho "lo juro por Dios"?

Cuando alguien jura repetidamente o en distintas situaciones que está diciendo la verdad, es una banderilla roja que nos hace dudar de si está siendo honesto. Una persona honesta, íntegra y de valores morales sólidos, no tiene por qué jurar. Su palabra basta. Jesús retó a los escribas y a los fariseos, como nos reta hoy en día, para que seamos personas de integridad. Debemos hablar con la verdad, decir lo que creemos y estar preparados para hacerlo.

Sé una persona de integridad en todo lo que haces.

1 Tesalonicenses 1:1–5,8b–10
Salmo 149:1b–2,3–4,5–6a y 9b
Mateo 23:13–22

Martes
29 DE AGOSTO
• MARTIRIO DE SAN JUAN BAUTISTA •

El rey se puso muy triste, pero debido a su juramento y a los convidados, no quiso desairar a la joven y enseguida mandó a un verdugo a que trajera la cabeza de Juan.
—MARCOS 6:26–27

¿Qué viene primero, orgullo o humildad?

Frente a todos sus invitados, Herodes prometió a la hija de Herodías darle cualquier cosa. Su orgullo era tan grande que no pudo echarse para atrás cuando ella le pidió la cabeza de Juan Bautista. Escoger orgullo sobre humildad puede tener grandes consecuencias, en este caso la muerte de un gran profeta.

Debemos preguntarnos si tenemos "momentos de Herodes", en los que el orgullo nos domina y nos negamos a retroceder, a reconocer nuestro error o a disculparnos. Como resultado, se producen heridas y daños que perduran por años.

No tengas la actitud de Herodes. Pon siempre la humildad antes que el orgullo.

1 Tesalonicenses 2:1–8
Salmo 139:1–3,4–6
Marcos 6:17–29

Miércoles
30 DE AGOSTO

"¡Ay de ustedes, escribas y fariseos hipócritas!".
—MATEO 23:27

¿Conoces a algún hipócrita?

Es fascinante ver cómo el papa Francisco, con su humildad y su sencillo estilo de vida, ha causado un gran impacto en católicos y no católicos. Cuando escogió vivir en un simple departamento, conservó sus viejos zapatos, cargó su equipaje y usó la misma cruz pectoral, dio gran credibilidad a su prédica de humildad y sencillez. Él no pide a los católicos del mundo vivir de una manera en la que él no vive. Al contrario, ha sido un ejemplo a seguir y ha dado credibilidad a nuestra Iglesia. Es testigo de que el mensaje de Cristo vale la pena vivirlo y nos lleva a una vida feliz y plena.

No critiques las acciones de los demás ni los califiques de hipócritas. Mejor analiza tu propia vida y tus acciones y pregúntate si de verdad eres testigo del mensaje de Jesucristo.

1 Tesalonicenses 2:9–13
Salmo 139:7–8,9–10,11–12ab
Mateo 23:27–32

Jueves
31 DE AGOSTO

"Velen y estén preparados, porque no saben qué día va a venir su Señor".
—MATEO 24:42

¿Hoy dónde viste a Dios?

San Ignacio de Loyola nos recuerda que podemos encontrar a Dios en todo. Sin embargo, a veces estamos tan enganchados o atareados en la rutina diaria, que olvidamos o damos por sentada la presencia de Dios. Olvidamos reconocerlo en los amigos que se juntan a celebrar un cumpleaños, en la luna que se asoma por la ventana o en la inesperada generosidad de un amigo. Dios está a nuestro alrededor y solo tenemos que buscarlo para sorprendernos con su amor. Hoy se nos recuerda estar alertas y despiertos a la presencia de Dios para que no pasemos por alto esta maravillosa oportunidad.

Recuerda la sabiduría de san Ignacio de Loyola y encuentra a Dios en todas las cosas.

1 Tesalonicenses 3:7–13
Salmo 90:3–5a,12–13,14 y 17
Mateo 24:42–51

Viernes
1 DE SEPTIEMBRE

"Cinco de ellas eran descuidadas y cinco, previsoras".
—MATEO 25:2

¿Estás distraído?

En la vida tenemos que tomar decisiones. Debemos tener claridad sobre cuáles son nuestras prioridades, o de lo contrario nos limitamos a andar por ahí flotando. En otras palabras, no podemos decir que Dios es importante en nuestra vida y no rezar ni ir a misa. No podemos ser como las cinco vírgenes que estaban distraídas y no se habían preparado. Si encontrarse con el novio hubiera sido prioridad en su vida, hubieran estado preparadas.

Te invito a tomar una hoja de papel y escribir de manera reflexiva y consciente cuáles son tus prioridades y compromisos. Repasa las prioridades que escogiste y comprométete con ellas. Luego pídele en oración a Dios que te ayude a perseverar en tu compromiso.

1 Tesalonicenses 4:1–8
Salmo 97:1 y 2b,5–6,10,11–12
Mateo 25:1–13

Sábado
2 DE SEPTIEMBRE

"Su Señor le dijo: 'Te felicito, siervo bueno y fiel. Puesto que has sido fiel en cosas de poco valor, te confiaré cosas de mucho valor. Entra a tomar parte en la alegría de tu señor'".
—MATEO 25:21

Ponte en la presencia de Dios, oración preparatoria, lectura, contemplación, diálogo, oración final.

Adéntrate en este pasaje de las Escrituras y observa con atención a los tres personajes a los que se les dio la responsabilidad de los talentos. ¿Cómo dialoga el amo con cada uno de ellos? ¿Cómo responden y le explican lo que hicieron con los talentos?

Ahora acércate a Jesús y siéntate a su lado. Pregúntale: "¿Qué me estas pidiendo? ¿Qué esperas de mí?". Jesús te dice: "Haz buen uso de los dones y talentos que Dios te ha dado. Continúa desarrollándolos. Cuando los usas bien, me siento orgulloso de ti".

¿Cómo terminarías esta conversación? Repasa tus pensamientos y emociones. Padre nuestro. . . .

1 Tesalonicenses 4:9–11
Salmo 98:1,7–8,9
Mateo 25:14–30

Domingo
3 DE SEPTIEMBRE
• XXII DOMINGO DEL TIEMPO ORDINARIO •

"Pues el que quiera salvar su vida, la perderá; pero el que pierde su vida por mí, la encontrará".
—MATEO 16:25

¿Recuerdas haber estado perdidamente enamorado?

La palabra rendirse puede confundirse con la idea de rendirse o entregarse al enemigo. Pero esa no es la definición de rendirnos a Dios. Se asemeja más a lo que hacemos cuando nos enamoramos: nos llenamos de confianza y nos damos por entero. Cuando nos rendimos totalmente a Dios y lo seguimos en cada aspecto del discipulado, notamos que Dios llena nuestra vida de amor, gracia y felicidad. Cuando nos damos completamente, recibimos mucho a cambio.

Permítete rendirte completamente a Dios y ten la confianza de que tendrás una vida plena.

Jeremías 20:7–9
Salmo 63:2,3–4,5–6,8–9(2b)
Romanos 12:1–2
Mateo 16:21–27

Lunes
4 DE SEPTIEMBRE

El Espíritu del Señor está sobre mí, porque me ha ungido para llevar a los pobres la buena nueva, para anunciar la liberación a los cautivos y la curación a los ciegos, para dar libertad a los oprimidos.
—LUCAS 4:18

¿Cómo vives el discipulado cada día?

Jesús nos llama a compartir su misión. A veces nos preguntamos cómo llevar ese mensaje a nuestro trabajo, iglesia o escuela.

Reza pidiendo que Jesús te lleve a los lugares donde la gente está hambrienta y sedienta del amor de Dios. Como parte de tu oración puedes usar el coro de la alabanza Alma Misionera: "Llévame donde los pueblos necesiten tus palabras, necesiten mis ganas de vivir, donde falte la esperanza, donde falte alegría, simplemente por no saber de ti". Te invito a seguir cantando el coro durante todo el día.

1 Tesalonicenses 4:13–18
Salmo 96:1 y 3,4–5,11–12,13
Lucas 4:16–30

Martes
5 DE SEPTIEMBRE

Entonces el demonio tiró al hombre por tierra, en medio de la gente, y salió de él sin hacerle daño.
—LUCAS 4:35

¿Tienes fe y esperanza de que superarás todos tus problemas?

Hay un dicho excelente que dice: "Mientras tú puedas cantar y bailar, el diablo no tiene poder". Esto subraya el hecho de que si tenemos a Jesús en nuestra vida, el demonio no puede actuar. En Jesús está nuestra esperanza y alegría. Esto no significa que la vida esté exenta de problemas o luchas. Podemos perder el trabajo, padecer una enfermedad o enfrentar una tragedia, pero estos problemas no nos hundirán ni nos destruirán, porque el poder de Dios es el más grande de todos.

¡Vive feliz! Canta, baila y ten plena confianza en el poder de Dios.

1 Tesalonicenses 5:1–6,9–11
Salmo 27:1,4,13–14
Lucas 4:31–37

Miércoles
6 DE SEPTIEMBRE

Jesús, de pie junto a ella, mandó con energía a la fiebre, y la fiebre desapareció. Ella se levantó enseguida y se puso a servirles.
—LUCAS 4:39

Ponte en la presencia de Dios, oración preparatoria, lectura, contemplación, diálogo, oración final.

Adéntrate en el pasaje de las Escrituras y dirige tu atención a la suegra de Simón Pedro. ¿Cómo imaginas sus responsabilidades diarias en medio de los efectos de la fiebre? Activa tus sentidos. ¿Qué ves, escuchas, hueles o saboreas?

Pregúntale: "¿Cómo te sientes después de haber sido sanada por Jesús? ¿Te resististe a su ayuda?". Ella te pregunta: "¿Qué te detiene para hacer lo que necesitas hacer? ¿Tienes miedos, inseguridades o flojera que no te permiten lograr lo que deberías hacer? Entrégaselos a Jesús y pídele su ayuda".

¿Cómo terminarías esta conversación? Repasa tus pensamientos y emociones. Padre nuestro. . . .

Colosenses 1:1–8
Salmo 52:10,11
Lucas 4:38–44

Jueves
7 DE SEPTIEMBRE

"Lleva la barca más adentro y echen sus redes para pescar". Simón replicó: "Maestro, hemos trabajado toda la noche y no hemos pescado nada; pero, confiado en tu palabra echaré las redes".
—LUCAS 5:4–5

¿Te asusta adentrarte en lo profundo?

Al igual que Simón Pedro, todos estamos llamados a seguir a Jesús y ser pescadores de los perdidos, rechazados y marginados. Somos llamados a llevar la luz de Cristo a los lugares de oscuridad; a tomar las redes e ir a lo profundo, más allá de nuestra zona de confort. No importan nuestra preparación ni nuestras habilidades. Con Jesús a nuestro lado seremos capaces de tener una mejor pesca.

Hoy, busca lugares de "profundidad": conversa con un ser querido, practica la paciencia o extiende tus manos a una persona desconocida.

Colosenses 1:9–14
Salmo 98:2–3ab,3CD–4,5–6
Lucas 5:1–11

Viernes
8 DE SEPTIEMBRE
• NATIVIDAD DE LA SANTÍSIMA VIRGEN MARÍA •

Genealogía de Jesucristo, hijo de David, hijo de Abraham.
—MATEO 1:1

¿De dónde vienes tú?

Yo vengo de tres mujeres muy fuertes. Durante la revolución mexicana, Inesita, la hermana de mi bisabuela Belén, se llevó a sus hermanas y a sus nueve hijos a los Estados Unidos. Con trabajo y dificultades, ellas establecieron nuestras familias en el Paso, Texas. Nuestros antepasados fueron los que nos transmitieron fe, sabiduría, resistencia y fuerza para seguir adelante. A través de la comunión de los santos sabemos que están con nosotros y que son nuestros intercesores ante Dios.

Investiga más sobre un antepasado tuyo. Llama o escribe a tu abuela o a una tía. ¿Cómo son? ¿Cómo viven y enseñan su fe? Da gracias a Dios por ellas y pídeles que recen por ti.

Miqueas 5:1–4a o Romanos 8:28–30
Salmo 13:6ab,6c
Mateo 1:1–16,18–23 o 1:18–23

Sábado
9 DE SEPTIEMBRE

• SAN PEDRO CLAVER, PRESBÍTERO •

"El Hijo del hombre también es dueño del sábado".
—LUCAS 6:5

Ponte en la presencia de Dios, oración preparatoria, lectura, contemplación, diálogo, oración final.

Vivimos en un mundo demasiado acelerado y ruidoso. En medio de las exigencias del trabajo, la familia o el ministerio, necesitamos nuestro *Sabbath* para ir a misa y descansar. Nuestro cuerpo y nuestra mente necesitan tiempo para silenciarse y rezar con Dios.

Adéntrate en este pasaje del Evangelio. Acércate a Jesús. Él te pregunta: "¿Te puedes sentar conmigo por un minuto? Solo siéntate e inhala profundo; no necesitamos palabras, solo estar presentes. ¿Cómo te sientes?". Tú le preguntas: "Con tantas ocupaciones, ¿cómo puedo descansar? ¿Me puedes recordar lo importante del *Sabbath*?".

¿Cómo terminarías esta conversación? Repasa tus pensamientos y emociones. Padre nuestro. . . .

Colosenses 1:21–23
Salmo 54:3–4, 6 y 8
Lucas 6:1–5

Domingo
10 DE SEPTIEMBRE

• XXIII DOMINGO DEL TIEMPO ORDINARIO •

"Si tu hermano comete un pecado, ve y amonéstalo a solas. Si te escucha, habrás salvado a tu hermano".
—MATEO 18:15

¿Por qué necesitas de la Iglesia?

Uno de los tesoros más grandes de la Iglesia católica es la noción de que somos comunidad y parte del cuerpo de Cristo. Necesitamos de la Iglesia y de la comunidad porque ahí experimentamos sanación, amor y perdón. En esta comunidad de creyentes somos instruidos, corregidos, guiados y apoyados cuando lo necesitamos. Esa es nuestra casa y familia, la comunidad que camina con nosotros. Aun cuando nos sentimos pecadores, nuestra madre, la Iglesia, está ahí para regresarnos a Dios.

Permanece cerca de la Iglesia y de la comunidad, dando gracias por las muchas bendiciones que recibes.

Ezequiel 33:7–9
Salmo 95:1–2,6–7,8–9(8)
Romanos 13:8–10
Mateo 18:15–20

Lunes
11 DE SEPTIEMBRE

Los escribas y fariseos estaban acechando a Jesús para ver si curaba en sábado y tener así de qué acusarlo.
—LUCAS 6:7

¿Cómo puedes evitar ser como los fariseos?

Como discípulos nos podemos convertir en legalistas. Corremos el riesgo de centrarnos en las reglas y los mandamientos, pensando que así seremos santos. Creemos que si seguimos las reglas, haremos feliz a Dios. Pero Dios desea una relación más profunda.

Una gran herramienta para el crecimiento espiritual es el *examen diario* de san Ignacio de Loyola, que nos reta a repasar a profundidad los sucesos y las reacciones de nuestra vida diaria. El examen diario nos enseña gratitud, atención a la presencia de Dios en nuestra vida y tener conciencia de nuestros sentimientos, además de que nos da tiempo de estar con Dios e invitarlo a que esté con nosotros al siguiente día.

Te invito a aprender y a orar con el *examen diario*.

Colosenses 1:24—2:3
Salmo 62:6–7,9
Lucas 6:6–11

Martes
12 DE SEPTIEMBRE

• SANTÍSIMO NOMBRE DE LA VIRGEN MARÍA •

Por aquellos días, Jesús se retiró al monte a orar y se pasó la noche en oración con Dios.
—LUCAS 6:12

¿Qué pides en tu oración?

La oración es esencial para nuestra vida de discipulado. Un discípulo sin oración es como un pez que está fuera del agua y perece. El papa Francisco nos anima a rezar con libertad, dando a entender que debemos rezar con valentía, audacia y confianza. En sus palabras: "no nos podemos quedar quietos después de haber orado. La verdadera intercesión cristiana consiste en insistir hasta el final".

Reza con libertad, valor, audacia y confianza, sin miedo ni timidez. ¡Deja que Jesús te sorprenda!

Colosenses 2:6–15
Salmo 145:1b–2,8–9,10–11
Lucas 6:12–19

Miércoles

13 DE SEPTIEMBRE

• SAN JUAN CRISÓSTOMO, OBISPO Y DOCTOR DE LA IGLESIA •

*"Dichosos ustedes los que ahora tienen hambre,
porque serán saciados.
Dichosos ustedes los que lloran ahora,
porque al fin reirán".*
—LUCAS 6:21

¿De qué lado estás?

Las Bienaventuranzas son un ejemplo claro de que Jesús está del lado de los pobres, marginados y rechazados. Y para estar con Dios, debemos estar con los pobres. Hay personas en nuestro mundo que piensan que a Dios se le puede manipular para que haga lo que queramos. Esta es una mentalidad egocéntrica que supone que "Dios está de mi lado". Tenemos que saber claramente dónde está Dios para poder estar de su lado. Cuando estamos con los pobres, los marginados y los rechazados, estamos en comunión con Dios y con el cuerpo de Cristo.

La invitación es a que te pares junto a Dios y estés de su lado.

Colosenses 3:1–11
Salmo 145:2–3,10–11,12–13ab
Lucas 6:20–26

Jueves
14 DE SEPTIEMBRE

• EXALTACIÓN DE LA SANTA CRUZ •

"Porque Dios no envió a su Hijo para condenar al mundo, sino para que el mundo se salvara por él".
—JUAN 3:17

¿Qué ves cuando miras la cruz?

Cuando reflexionamos en el madero de la cruz, se nos reta a cambiar nuestras definiciones y valores porque la cruz es un signo de contradicción. En vez de ver vergüenza o debilidad, vemos la gloria, el amor y el poder. Cuando mataron a Jesús, pareció que junto al mensajero también mataron el mensaje. Pero Jesús fue más fuerte que la muerte. Si somos débiles por amor, somos fuertes en Cristo. Nuestra actitud de pacifismo, perdón y misericordia pudiera parecer una actitud débil a los ojos del mundo, pero nosotros sabemos que somos fuertes.

Medita contemplando tu cruz favorita. Ve la gloria, el amor y el poder en su más sagrado símbolo.

Números 21:4b–9
Salmo 78:1bc–2,34–35,36–37,38
Filipenses 2:6–11
Juan 3:13–17

Viernes
15 DE SEPTIEMBRE
• NUESTRA SEÑORA DE LOS DOLORES •

"Este niño ha sido puesto para ruina y resurgimiento de muchos en Israel, como signo que provocará contradicción, para que queden al descubierto los pensamientos de todos los corazones. Y a ti, una espada te atravesará el alma".
—LUCAS 22:34–35

Ponte en la presencia de Dios, oración preparatoria, lectura, contemplación, diálogo, oración final.

Todo padre quiere lo mejor para sus hijos. Muchas veces las decisiones de nuestros hijos causan dolor en el corazón, especialmente cuando vemos sus caídas o tropiezos.

Adéntrate en este pasaje del Evangelio y escucha lo que le dicen a María. Acércate a ella. Nuestra Madre te pregunta: "¿Tienes preocupaciones o dolor en el corazón por alguno de tus hijos? ¿Lo quieres compartir conmigo?". Tú le pides: "¡Ayúdame a recordar que tú entiendes todo lo que una madre siente!".

¿Cómo terminarías esta conversación? Repasa tus pensamientos y emociones. Padre nuestro. . . .

1 Timoteo 1:1–2,12–14
Salmo 16:1b–2a y 5,7–8,11
Juan 19:25–27 o Lucas 2:33–35

Sábado
16 DE SEPTIEMBRE

• SAN CORNELIO, PAPA Y MÁRTIR, Y SAN CIPRIANO, OBISPO Y MÁRTIR •

"No hay árbol bueno que produzca frutos malos, ni árbol malo que produzca frutos buenos. Cada árbol se conoce por sus frutos".
—LUCAS 6:43–44

¿Quien formó tus cimientos?

Todos tenemos cimientos y raíces que moldean lo que somos y cómo vivimos. Para muchos, la familia fue la que nos enseñó a vivir en conexión con la fe. El dicho "de buen tronco, sale buena rama", nos recuerda que no crecimos por nuestra cuenta. Si somos buena rama, es porque venimos de buen tronco.

Piensa en las enseñanzas positivas que tu familia cimentó en ti. Honra las lecciones acerca de la comunidad, la dignidad humana y el cuidado a los demás, especialmente a los pobres. Si eres el tronco para otras personas, sé buen tronco para que ellos produzcan buenos frutos.

1 Timoteo 1:15–17
Salmo 113:1b–2,3–4,5a y 6–7
Lucas 6:43–49

Domingo
17 DE SEPTIEMBRE

• XXIV DOMINGO DEL TIEMPO ORDINARIO •

Pedro se acercó a Jesús y le preguntó: "Si mi hermano me ofende, ¿cuántas veces tengo que perdonarlo? ¿Hasta siete veces?".
—MATEO 18:21

¿Guardas una herida que no estás dispuesto a perdonar?

Nuestros Dios es un Dios de misericordia y perdón que siempre extiende sus brazos a un corazón arrepentido. El Evangelio de hoy da lugar a reflexionar en nuestra postura del perdón hacia los demás. Nosotros, que hemos sido perdonados una y otra vez por Dios, no tenemos el derecho de negarle el perdón a nadie, mucho menos si esa persona nos ha pedido perdón.

En oración, pide un corazón que sea como el corazón de Jesús, dispuesto a perdonar setenta veces siete.

Eclesiástico 27:30—28:7
Salmo 103:1–2,3–4,9–10,11–12(8)
Romanos 14:7–9
Mateo 18:21–35

Lunes
18 DE SEPTIEMBRE

"Merece que le concedas ese favor, pues quiere a nuestro pueblo y hasta nos ha construido una sinagoga".
—LUCAS 7:4–5

¿Eres un líder que realmente ama y se preocupa por aquellos a quienes sirves?

Aunque el centurión era un soldado romano, la gente reconocía en él a una persona que se preocupaba por su comunidad y cuidaba de sus esclavos. Sin ser judío, tenía un corazón amoroso con las personas a su cargo. Podemos aprender del centurión, mostrando amor y preocupación hacia quienes guiamos o están a nuestro servicio, ya sean familia, miembros de la parroquia o compañeros de trabajo.

Sé un ejemplo de amor y cuidado para los demás. Hazlo visible en tus palabras y acciones.

1 Timoteo 2:1–8
Salmo 28:2,7,8–9
Lucas 7:1–10

Martes
19 DE SEPTIEMBRE

• SAN JENARO, OBISPO Y MÁRTIR •

Inmediatamente, el que había muerto se levantó y comenzó a hablar. Jesús se lo entregó a su madre.
—LUCAS 7:15

Ponte en la presencia de Dios, oración preparatoria, lectura, contemplación, diálogo, oración final.

Jesús sabía que la muerte de su hijo añadiría más estragos a esta mujer. Por ser viuda, tenía pocos derechos y protección, pero estar sin su hijo sería un gran dolor. Por eso siente compasión hacia ella.

Adéntrate en el pasaje del Evangelio y siéntate con esta mujer. Pregúntale: "¿Qué sentiste cuando te miró Jesús con ojos de compasión? ¿Qué significa el saber que se preocupa por ti?". Ella te pregunta: "¿Crees que Jesús puede entender tus luchas? ¿Dudas en confiarle los retos de tu vida?".

¿Cómo terminarías esta conversación? Repasa tus pensamientos y emociones. Padre nuestro. . . .

1 Timoteo 3:1–13
Salmo 101:1b–2ab,2cd–3ab,5,6
Lucas 7:11–17

Miércoles

20 DE SEPTIEMBRE

• SAN ANDRÉS KIM TAEGON, PRESBÍTERO Y MÁRTIR, SAN PABLO CHONG HASANG, Y COMPAÑEROS, MÁRTIRES •

"Y viene el hijo del hombre, que come y bebe".
—LUCAS 7:34

¿Tenía Jesús una comida o bebida favorita?

Jesús fue completamente humano. No se quedó sentado en un trono del cielo esperando a que nos acercáramos a él. En cambio, tomó un cuerpo humano y vino a encontrarnos. ¿No es maravilloso? Dios se hizo por completo humano para vivir y experimentar todo lo que los seres humanos vivimos. Se puso nuestros zapatos para estar cerca de nosotros y enseñarnos a vivir. Vino hacia nosotros y aún continúa haciéndolo. Los hispanos lo sabemos muy bien, porque Jesús vino a vivir con nosotros en nuestras casas, en lo cotidiano.

Celebra la Encarnación. Busca la compañía constante de Jesús y mira sus brazos, listos para abrazarte.

1 Timoteo 3:14–16
Salmo 111:1–2,3–4,5–6
Lucas 7:31–35

Jueves
21 DE SEPTIEMBRE

• SAN MATEO, APÓSTOL Y EVANGELISTA •

"Vayan, pues y aprendan lo que significa: 'Yo quiero misericordia y no sacrificios'".
—MATEO 9:13

¿Qué es más importante, misericordia o sacrificio?

Como muchas abuelas hispanas, mi madre fue una mujer de ofrecimientos y misericordia. Siempre fue a misa, rezó el rosario y usó su cruz benedictina. Toda la vida nos insistió en la importancia de los ofrecimientos y rituales para rendir culto a Dios. Sin embargo, nos advertía que si esos rituales no nos movían a tener misericordia, entonces serían acciones vacías. Jesús desea misericordia. Y cuando somos misericordiosos, nos sentimos más cerca de Dios y a la vez sentimos su presencia sanadora en nuestra vida. Los sacrificios no son nuestra meta, pero deben llevarnos al Dios de la misericordia.

Esta es la invitación: ¡Sé misericordioso!

Efesios 4:1–7,11–13
Salmo 19:2–3,4–5
Mateo 9:9–13

Viernes
22 DE SEPTIEMBRE

Entre ellas iban María, llamada Magdalena, de la que habían salido siete demonios; Juana, mujer de Cusa, el administrador de Herodes; Susana y otras muchas, que los ayudaban con sus propios bienes.
—LUCAS 8:2–3

¿Reconoces el papel de la mujer?

Estas mujeres eran valerosas y leales discípulas de Jesús. Habiendo encontrado a Cristo, fueron transformadas y se dedicaron a servirlo a él y a su ministerio. Fueron testigos de sus milagros y de su mensaje junto a los doce apóstoles. A pesar de los peligros, permanecieron al lado de Jesús hasta su crucifixión, incluso cuando los discípulos lo habían abandonado. Estas mujeres prepararon su cuerpo para la sepultura y fueron testigos de su gloriosa Resurrección.

Desde un comienzo, las mujeres han demostrado lealtad, amor y valentía en el discipulado. En oración, pidamos la intercesión de estas mujeres para que tengamos la fuerza y el valor de permanecer junto a Jesús en nuestro ministerio.

1 Timoteo 6:2c–12
Salmo 49:6–7,8–10,17–18,19–20
Lucas 8:1–3

Sábado

23 DE SEPTIEMBRE

• SAN PÍO DE PIETRELCINA, PRESBÍTERO •

"Lo que cayó en tierra buena representa a los que escuchan la palabra, la conservan en un corazón bueno y bien dispuesto, y dan fruto por su constancia".
—LUCAS 8:15

¿Es la meta de tu fe recibir los sacramentos?

Mientras que los sacramentos son parte fundamental de nuestro caminar como católicos, las cosas no terminan ahí. La fe es un proceso de toda la vida, lo que significa que vivimos nuestra fe mediante pequeños actos de amor y misericordia hacia los demás, siguiendo el ejemplo de Jesús. No es solo hablar de fe y crecimiento; es la manera en la que vivimos nuestro catolicismo conforme maduramos en nuestra espiritualidad a través de la vida.

Nutre tu espiritualidad como si fuera una planta. Deja espacio y tiempo para la oración, la lectura de la Biblia, los retiros y la reflexión. Así continuarás creciendo hacia Dios.

1 Timoteo 6:13–16
Salmo 100:1b–2,3,4,5
Lucas 8:4–15

Domingo

24 DE SEPTIEMBRE

• XXV DOMINGO DEL TIEMPO ORDINARIO •

"Se acercaron, pues, los que habían llegado al caer la tarde y recibieron un denario cada uno".
—MATEO 20:9

¿Cómo puedes ganar la misericordia de Dios?

Durante un entrenamiento, mi pastor lanzó la siguiente pregunta a un salón lleno de padres de familia: "¿Qué pueden hacer sus hijos para que ustedes los amen más?". El salón se quedó en silencio. En muchos rostros se percibió la certeza de que a un hijo se le quiere tanto, que no hay nada que este pueda hacer para que lo amemos más. Es lo mismo que pasa con el amor y la misericordia de Dios. No somos dignos del regalo de la misericordia en nuestra vida. Es un regalo puro que se nos otorga libre y gratuitamente, sin que lo merezcamos y sin que podamos hacer nada para tenerlo más.

Reflexiona en el gran amor y la misericordia que Dios te da, y eleva una oración de agradecimiento.

Isaías 55:6–9
Salmo 145:2–3,8–9,17–18(18a)
Filipenses 1:20c–24,27a
Mateo 20:1–16a

Lunes
25 DE SEPTIEMBRE

"Nadie enciende una vela y la tapa con alguna vasija o la esconde debajo de la cama, sino que la pone en un candelero, para que los que entren puedan ver la luz".
—LUCAS 8:16

¿Cómo describirías tu luz?

Estamos llamados a brillar, especialmente cuando hay oscuridad. Así que no debemos empequeñecernos y esconder nuestra luz, porque sería tan tonto como esconderla debajo de la cama. Santa Catalina de Siena nos dice: "¡Si eres lo que deberías de ser, podrías incendiar el mundo entero!". Esta maravillosa imagen nos recuerda que en nosotros está la luz de Cristo y que debemos compartirla con el mundo.

Piensa en cómo harás brillar tu luz en nuestros días, y luego, ¡enciende el mundo!

Esdras 1:1–6
Salmo 126:1b–2ab,2cd–3,4–5,6
Lucas 8:16–18

Martes
26 DE SEPTIEMBRE

• SAN COSME Y SAN DAMIÁN, MÁRTIRES •

"Mi madre y mis hermanos son aquellos que escuchan la palabra de Dios y la ponen en práctica".
—LUCAS 8:21

¿Quiénes son tus hermanos?

La familia es muy importante para los hispanos. Nuestros padres y hermanos son parte de lo que somos, y estaríamos dispuestos a hacer cualquier cosa por ellos. Muchos fuimos criados bajo el compromiso de que siempre cuidaríamos de ellos. Jesús asume que la familia es central en la vida del ser humano, así que cuando en este pasaje habla de la familia, nos está invitando a llevar nuestra relación con él a otro nivel. Nos invita a extender el amor y el cuidado por nuestra familia a toda la familia de Dios. Tenemos el compromiso de cuidar de toda nuestra familia y eso significa ir más allá de nuestra familia de sangre.

Extiende tu amor y cuidado a tus hermanos y hermanas en Cristo Jesús.

Esdras 6:7–8,12b,14–20
Salmo 122:1–2,3–4ab,4cd–5
Lucas 8:19–21

Miércoles
27 DE SEPTIEMBRE
• SAN VICENTE DE PAÚL, PRESBÍTERO •

En aquel tiempo, Jesús reunió a los Doce y les dio poder y autoridad para expulsar toda clase de demonios y para curar enfermedades.
—LUCAS 9:1

¿De quién te rodeas en tu vida y ministerio? ¿Quién te ayuda y reta como discípulo?

"Dime con quién andas y te diré quién eres". Este dicho ilustra cómo se puede saber el tipo de persona que somos al ver a las personas con que nos relacionamos.

Hoy rendimos tributo a la fundación de la orden jesuita, la Compañía de Jesús. Guiado por san Ignacio, este grupo de hombres caminó unido en el discernimiento del llamado del Señor. Posteriormente cada uno de ellos llevó el mensaje de Dios, viviendo la misión de educar y servir.

Hoy, dedica tiempo a reflexionar sobre quiénes te han apoyado en tu trabajo ministerial y búscalos para darles gracias.

Esdras 9:5–9
Tobías 13:2,3–4a,4befghn,7–8
Lucas 9:1–6

Jueves
28 DE SEPTIEMBRE

• SAN WENCESLAO, MÁRTIR • SAN LORENZO RUIZ Y COMPAÑEROS, MÁRTIRES •

"A Juan yo lo mandé decapitar. ¿Quién será, pues, éste del que oigo semejantes cosas?". Y tenía curiosidad de ver a Jesús.
—LUCAS 9:9

¿Por qué Herodes se sentía amenazado por Jesús?

Jesús no tenía dinero, ejército ni poder militar. Por eso es sorprendente que un hombre como Herodes le tuviera miedo. Herodes tenía poder, fama y posesiones, pero estas cosas no le daban significado a su vida. Herodes tenía miedo de que la gente comprendiera que el poder y las cosas terrenales no importaban, y que dejaran de seguirlo; que el mundo cambiara. Jesús, con su paz y su manera de amar, enseñaba un estilo de vida diferente. Jesús es la verdad, y su mensaje y significado trajeron cumplimiento a la vida.

Reflexiona en cómo el mensaje de Cristo ha cambiado tu vida. Hoy, comparte esto con alguien.

Ageo 1:1–8
Salmo 149:1b–2,3–4,5–6a y 9b
Lucas 9:7–9

Viernes
29 DE SEPTIEMBRE

• SANTOS MIGUEL, GABRIEL Y RAFAEL, ARCÁNGELES •

"Yo les aseguro que verán el cielo abierto y a los ángeles de Dios subir y bajar sobre el Hijo del hombre."
— JUAN 1:51

¿Quién te enseñó acerca de tu ángel de la guarda?

Cuando era niña, yo amaba mucho a mi ángel de la guarda. Sentía su presencia conmigo y solía hablarle. Todas las noches, antes de acostarme, recitaba la oración del ángel de la guarda. En algún punto de mi vida le puse el nombre de Pedro, y desde entonces Pedro ha sido mi fiel protector.

Honra a tu ángel guardián y recita la oración del ángel de la guarda. Enséñala a tus pequeños y seres queridos.

Ángel de la guarda, mi dulce compañía,

no me desampares, ni de noche ni de día,

hasta que descanse en los brazos

de Jesús, José y María.

Daniel 7:9–10,13–14 o Apocalipsis 12:7–12a
Salmo 138:1–2ab,2cde–3,4–5
Juan 1:47–51

Sábado
30 DE SEPTIEMBRE

• SAN JERÓNIMO, PRESBÍTERO Y DOCTOR DE LA IGLESIA •

Como todos comentaban, admirados, los prodigios que Jesús hacía...
—LUCAS 9:43

¿Qué te sorprendió esta semana?

Algunas veces estamos tan distraídos con la televisión, el ejercicio, la música o las juntas, que pasamos por alto los momentos en los que Dios nos quiere sorprender. Nuestras ocupaciones nos impiden saborear esos momentos. Pero cuando buscamos ratos para la reflexión, podemos reconocer y quedar admirados de la maravillosa presencia de Dios. El mero hecho de levantarse por la mañana, ver una cortadita sanar o contemplar la luna llena que ilumina el camino, nos da pruebas de la mano de Dios. Cuanto más nos sorprendamos, más estaremos en contacto con Dios y su maravillosa presencia en nuestra vida.

¡Permite que Dios te sorprenda! Dedica un rato a reflexionar y saborear las experiencias de la vida.

Zacarías 2:5–9,14–15a
Jeremías 31:10,11–12ab,13
Lucas 9:43b–45

Domingo
1 DE OCTUBRE

• XXVI DOMINGO DEL TIEMPO ORDINARIO •

"¿Cuál de los dos hizo la voluntad del padre?".
—MATEO 21:31

¿Qué sientes cuando haces algo bueno? ¿Qué sientes cuando haces algo malo?

Dentro de nosotros existe el deseo de hacer buenas cosas. Es como si nuestro corazón estuviera predispuesto para el bien y para Dios. Pero algunas veces llenamos nuestra vida de distracciones y obstáculos que nos hacen actuar en contra de esa bondad con la que hemos sido creados. Si somos fieles a la bondad que Dios nos ha dado, hacemos lo que está en nuestro corazón y actuamos de manera correcta. ¿Nos sentimos bien cuando herimos a alguien o cuando hacemos algo incorrecto? No. No nos sentimos bien porque en nuestra naturaleza no está el herir, degradar ni el ser crueles con los demás.

Sé auténtico con tu bondad innata y da lo mejor de ti mismo.

Ezequiel 18:25–28
Salmo 25:4–5,6–7,8–9(6a)
Filipenses 2:1–11 o 2:1–5
Mateo 21:28–32

Lunes
2 DE OCTUBRE
• LOS SANTOS ÁNGELES CUSTODIOS •

Y el que reciba a un niño como éste en mi nombre, me recibe a mí.
—MATEO 18:5

¿Son los niños una prioridad para ti?

Vivimos en un mundo donde muchos niños sufren. A nuestro alrededor hay pequeños que no comen en todo un día, que viven en campos de refugiados o que mueren por no tener acceso a agua limpia. Jesús daba prioridad a los niños por amor, no por lastima. Él nos llama a aliviar el sufrimiento de los niños en nuestro mundo y en especial nos reta a acercarnos a aquellos que son abandonados. Esos niños son el rostro de Cristo en nuestro entorno.

Extiende tus brazos a un niño; extiende tus brazos a Cristo.

Zacarías 8:1–8
Salmo 102:22–23 y 16–18,19–21,29
Mateo 18:1–5,10

Martes
3 DE OCTUBRE

*Sus discípulos Santiago y Juan le dijeron: "Señor, ¿quieres que hagamos bajar fuego del cielo para que acabe con ellos?".
Pero Jesús se volvió hacia ellos y los reprendió.*
—LUCAS 9:54–55

¿Cómo reaccionas cuando alguien no está de acuerdo contigo?

Cuando alguien no estaba de acuerdo con él, Jesús no respondía bajando fuego del cielo, sino que reaccionaba con paciencia. Sabía que, cuando lo conocieran mejor, entenderían y apreciarían el mensaje y el estilo de vida que predicaba. De la misma manera, nosotros debemos ser pacientes con todos los que no están de acuerdo con nosotros. Si nuestra reacción es de enojo o venganza, no estamos siguiendo el ejemplo de Jesús.

Cuando alguien no esté de acuerdo contigo, la invitación es a que respondas con paciencia y amor.

Zacarías 8:20–23
Salmo 87:1b–3,4–5,6–7
Lucas 9:51–56

Miércoles
4 DE OCTUBRE

• SAN FRANCISCO DE ASÍS •

"El que empuña el arado y mira hacia atrás, no sirve para el Reino de Dios".
—LUCAS 9:62

Al seguir a Jesús, ¿te entregas con el corazón?

Hay ocasiones en las que hacemos las cosas con desánimo, sin entregarnos por completo. En otras palabras, no damos el 100 por ciento. Pero con respecto al reino de Dios, Jesús quiere que nos entreguemos al 100 por ciento. Este compromiso implica dejar que el reino de Dios penetre en nuestro ser de manera que nuestra vida se base en las obras de Jesús. Para hacer esto debemos dar prioridad a las cosas de Dios, como la oración, el discipulado, el vínculo a una comunidad parroquial, la ayuda a los pobres y la misericordia con los demás.

Déjate inspirar por Jesús y entrega tu corazón al reino de Dios.

Nehemías 2:1–8
Salmo 137:1–2,3,4–5,6
Lucas 9:57–62

Jueves
5 DE OCTUBRE

"La cosecha es mucha y los trabajadores pocos. Rueguen, por tanto, al dueño de la mies que envíe trabajadores a sus campos".
—LUCAS 10:2

Ponte en la presencia de Dios, oración preparatoria, lectura, contemplación, diálogo, oración final.

Así como existe una urgencia para recoger y juntar la cosecha cuando está lista, existe una urgencia para que preparemos el camino del Señor.

Adéntrate en el pasaje de las Escrituras y escucha las instrucciones que Jesús les da a los setenta y dos discípulos como si te las estuviera dando a ti. Siéntate con Jesús. Él te pregunta: "¿Escuchaste mis palabras? ¿Cuáles sobresalieron para ti? ¿Qué pasa en tu vida que sobresalió esto?". Tú le pides: "¿Me puedes ayudar a vivir de la manera que me indicas? ¿Qué me recomiendas?".

¿Cómo terminarías esta conversación? Repasa tus pensamientos y emociones. Padre nuestro. . . .

Nehemías 8:1–4a,5–6,7b–12
Salmo 19:8,9,10,11
Lucas 10:1–12

Viernes

6 DE OCTUBRE

• SAN BRUNO, PRESBÍTERO • BEATA MARÍA ROSA DUROCHER, VIRGEN •

"El que los escucha a ustedes, a mí me escucha; el que los rechaza ustedes, a mí me rechaza y el que me rechaza a mí, rechaza al que me ha enviado".
—LUCAS 10:16

¿Corres el riesgo de rechazar a Jesús y su mensaje?

El mensaje de Jesucristo nos reta a crecer, a la conversión y a madurar, especialmente en nuestro compromiso de amar y servir a Dios y a los demás. A veces preferimos un estilo de vida fácil y gratificante que gira en torno a nosotros mismos y que resta importancia a los demás. Esta vida vacía y sin sentido puede llegar a ser tan cómoda, que corremos el riesgo de rechazar a Jesús y su mensaje.

¡Acepta el reto de Jesús! Esto te hará ser más íntegro y dará significado a tu vida.

Baruch 1:15–22
Salmo 79:1b–2,3–5,8,9
Lucas 10:13–16

Sábado
7 DE OCTUBRE
• NUESTRA SEÑORA DEL ROSARIO •

"¡Te doy gracias, Padre, Señor del cielo y de la tierra, porque has escondido estas cosas a los sabios y los entendidos, y las has revelado a la gente sencilla!".
—LUCAS 10:21

¿Cómo puedes tener ojos que vean?

Cuando Jesús predicó acerca del reino, no se enfocaba en la doctrina, el catecismo o los rituales. Aún en nuestros días muchos ven a la Iglesia como una institución de leyes y rituales. Aunque esto es importante, la verdad es que Dios se revela de muy diversas y hermosas maneras en lo cotidiano. Dios nos ayuda a entender la fe y su gran misterio cuando confiamos en él y lo buscamos.

Confía en que tu vida está en manos de Dios y pide tener un mejor entendimiento de la Iglesia. Así tu fe y tu confianza crecerán.

Baruch 4:5–12,27–29
Salmo 69:33–35,36–37
Lucas 10:17–24

Domingo

8 DE OCTUBRE

• XXVII DOMINGO DEL TIEMPO ORDINARIO •

"¿No han leído nunca en la Escritura: La piedra que desecharon los constructores es ahora la piedra angular?".
—MATEO 21:42

¿Quiénes son los rechazados en nuestra sociedad y por qué son rechazados?

Jesús fue rechazado por la sociedad y se le asociaba con marginados, pecadores, impuros y cobradores de impuestos. Cuando rechazamos a alguien, rechazamos a Jesús. Lo que a veces nos mueve a ese rechazo es el egoísmo, la superioridad o la inseguridad. Este pasaje del Evangelio nos reta a superar la indiferencia y el egoísmo para darnos cuenta del compromiso que tenemos con las personas rechazadas. Se nos llama a dejar la preocupación por nosotros mismos, ya que el reino de Dios está cerca, justamente junto a los que rechazamos.

Abraza y acepta a los rechazados de la sociedad. Sé una persona inclusiva.

Isaías 5:1–7
Salmo 80:9,12,13–14,15–16,19–20
Filipenses 4:6–9
Mateo 21:33–43

Lunes
9 DE OCTUBRE

• SAN DIONISIO, OBISPO Y COMPAÑEROS MÁRTIRES •
SAN JUAN LEONARDI, PRESBÍTERO •

"¿Cuál de estos tres te parece que se portó como prójimo del hombre que fue asaltado por los ladrones?". El doctor de la ley le respondió: "El que tuvo compasión de él". Entonces Jesús les dijo: "Anda y haz tú lo mismo".
—LUCAS 10:36–37

¿Qué harías si tu hermana o tu sobrina fuera asaltada y golpeada en el camino?

Esta parábola nos reta a preguntarnos si responderemos al dolor del prójimo con el mismo amor y la misma compasión que tenemos por nuestra propia familia. Jesús nos llama a ser personas de compasión y a reconocer su rostro en todos aquellos que encontramos en el camino: conocidos y desconocidos, marginados, amigos y vecinos. En la ayuda al prójimo encontraremos a Cristo y esto ensanchará nuestro corazón con una mayor capacidad del amor de Dios.

Hoy sé buen prójimo con las personas en tu entorno.

Jonás 1:1—2:2,11
Salmo 2:3,4,5,8
Lucas 10:25–37

Martes
10 DE OCTUBRE

Marta, entre tanto, se afanaba en diversos quehaceres, hasta que, acercándose a Jesús, le dijo: "Señor, ¿no te has dado cuenta de que mi hermana me ha dejado sola con todo el quehacer? Dile que me ayude".
—LUCAS 10:40

¿Eres más como Marta o más como María?

La filosofía jesuita de la contemplación en acción nos lleva a una vida activa de ministerio y servicio fortalecida por la oración. No es una vida de oración monástica alejada del mundo, sino un ministerio en el mundo en medio de un hábito de profunda oración. Servir en el nombre de Dios sin oración puede llevarnos a un ministerio vacío y sin sentido. Se nos llama a ser tanto como Marta como María, para que la contemplación nos guie a un ministerio de vida y contemplación en Jesús.

Sé Marta y María. Practica la oración a la vez que realizas tu trabajo y tu ministerio.

Jonás 3:1–10
Salmo 130:1b–2,3–4ab,7–8
Lucas 10:38–42

Miércoles
11 DE OCTUBRE

"Danos hoy nuestro pan de cada día
y perdona nuestras ofensas,
puesto que también nosotros perdonamos
a todo aquel que nos ofende,
y no nos dejes caer en tentación".
—LUCAS 11:3–4

¿Pides lo que necesitas?

La primera parte de la oración del Padrenuestro va dirigida al Padre. La segunda parte es una súplica por nuestras necesidades: "Danos hoy nuestro pan, perdona nuestras ofensas y no nos dejes caer en tentación". Esta oración nos inspira a acercarnos al Padre con todas nuestras necesidades en la mente y el corazón, aun cuando creamos que no lo merecemos o que nuestras necesidades no son importantes para Dios. Jesús nos recuerda que le pidamos al Padre. La buena noticia es que él siempre nos escucha.

Reflexiona sobre las necesidades de tu corazón y compártelas con Dios.

Jonás 4:1–11
Salmo 86:3–4,5–6,9–10
Lucas 11:1–4

Jueves
12 DE OCTUBRE

"Porque quien pide, recibe; quien busca, encuentra y al que toca, se le abre".
—LUCAS 11:10

Ponte en la presencia de Dios, oración preparatoria, lectura, contemplación, diálogo, oración final.

Adéntrate en el pasaje de las Escrituras y escucha a Jesús hablar de Dios como un padre que está siempre listo a darnos a cada uno lo que es mejor. Quizá no nos dé lo que le pedimos, pero es lo que necesitamos. Jesús también nos recuerda que seamos persistentes en la oración.

Acércate a Jesús y siéntate a su lado. Jesús te pregunta: "¿Qué es lo que más te ha impactado de lo que dije? ¿Crees que Dios Padre quiere lo mejor para ti?". Tú le preguntas: "¿Cómo puedo confiar, especialmente en los momentos de duda? ¿Me ayudarás a rezar y a confiar más profundamente?".

¿Cómo terminarías esta conversación? Repasa tus pensamientos y emociones. Padre nuestro. . . .

Malaquías 3:13–20b
Salmo 1:6 y 1–2,3,4
Lucas 11:5–13

Viernes
13 DE OCTUBRE

"Pero si yo arrojo a los demonios por el poder de Dios, eso significa que ha llegado a ustedes el Reino de Dios".
—LUCAS 11:20

¿Debes temer al poder del maligno?

El mismo Jesús tuvo que confrontar al maligno en ciertas ocasiones, como cuando fue al desierto o durante algunos de los milagros que se relatan en el Evangelio. La maldad verdaderamente está presente en nuestro mundo, y vemos sus consecuencias en cosas como el libertinaje y el pecado. Pero aunque existe la maldad, el Evangelio nos enseña que Jesús es y seguirá siendo el Señor de Señores y que estamos bajo su poder. Jesús es victorioso y el maligno no es superior.

Cuando te sientas tentado a pensar que el maligno tiene un gran poder en tu vida, abraza fuertemente a Jesucristo, con la confianza de que él es el victorioso.

Joel 1:13–15; 2:1–2
Salmo 9:2–3, 6 y 16, 8–9
Lucas 11:15–26

Sábado

14 DE OCTUBRE

• SAN CALIXTO I, PAPA Y MÁRTIR •

"Dichosos todavía más los que escuchan la palabra de Dios y la ponen en práctica".
—LUCAS 11:28

¿Te limitas a oír las Escrituras o tratas de captar el mensaje que te da la palabra de Dios?

No podemos hacer tortillas ni tamales sin usar nuestras manos. Y no es posible hacerlo porque la masa tiene que ser cernida y mezclada a mano. Lo mismo pasa con las Escrituras. Si queremos captar el mensaje de Jesucristo, debemos escucharlo o leerlo con el corazón. San Ignacio de Loyola nos invita a la contemplación diaria de las Escrituras como un camino para amar a Jesús y comprender su mensaje, y así vivir una vida de discipulado basada en Jesús.

Abre tu Biblia y mete las manos en la masa. Adéntrate en las Escrituras y descubre el mensaje que Dios tiene para ti. Luego, ponlo en práctica.

Joel 4:12–21
Salmo 97:1–2,5–6,11–12
Lucas 11:27–28

Domingo

15 DE OCTUBRE

• XXVIII DOMINGO DEL TIEMPO ORDINARIO •

"'Amigo, ¿cómo has entrado aquí sin traje de fiesta?'. Aquel hombre se quedó callado".
—MATEO 22:12

¿Tienes puesto tu traje de fiesta?

Nuestra Iglesia está llena de personas que llevan puesto su traje de fiesta, lo que significa que viven una vida que celebra la gran misericordia de Dios. Esas personas a veces tienen problemas y penurias, o hasta sufren el martirio, pero no hay duda de que su vida da testimonio de las maravillas de Dios.

La esperanza que Oscar Romero nos dio en medio de la lucha, la compasión que nos mostró la Madre Teresa en medio de la pobreza, la perseverancia que mostró Dorothy Day en medio de la pobreza y la alegría que el papa Francisco inspira en un mundo de indiferencia, son ejemplos de personas que llevan puesto su traje de fiesta.

¿De qué está hecho tu traje de fiesta? ¡Úsalo y prepárate para la fiesta!

Isaías 25:6–10a
Salmo 23:1–3a,3b–4,5,6(6CD)
Filipenses 4:12–14,19–20
Mateo 22:1–14

Lunes
16 DE OCTUBRE

• SANTA EDUVIGES, RELIGIOSA • SANTA MARGARITA MARÍA DE ALACOQUE, VIRGEN •

"Pues así como Jonás fue una señal para los habitantes de Nínive, lo mismo será el Hijo del hombre para la gente de este tiempo".
—LUCAS 11:30

¿Cómo reaccionas a la crisis o a los retos?

Cuando algo malo ocurre en nuestra vida —como un accidente o una enfermedad— nuestra creencia en Dios se tambalea. Nos preguntamos por qué Dios permite que sucedan cosas como esas, y la pregunta a veces parece quedar en el vacío. La única respuesta que nos sostiene en toda esta situación es que Dios está con nosotros y que su presencia siempre es de victoria. En otras palabras, sea lo que sea que pase en nuestra vida, Dios tiene la última palabra.

Cuando te enfrentes a crisis o retos que no puedas resolver, ten confianza en que Dios está presente y que tienes una vida por delante.

Romanos 1:1–7
Salmo 98:1,2–3ab,3CD–4
Lucas 11:29–32

Martes
17 DE OCTUBRE

• SAN IGNACIO DE ANTIOQUÍA, OBISPO Y MÁRTIR •

"Ustedes, los fariseos, limpian el exterior del vaso y del plato; en cambio, el interior de ustedes está lleno de robos y maldad".
—LUCAS 11:39

Ponte en la presencia de Dios, oración preparatoria, lectura, contemplación, diálogo, oración final.

Adéntrate en el pasaje de las Escrituras y acércate a la mesa. Observa de cerca a los fariseos, especialmente cuando Jesús habla del vaso y el plato. Jesús se enfoca en el interior —el corazón— y no en el exterior de la persona, que solo observa las reglas.

Acércate a Jesús y siéntate a su lado. Él te dice: "Imagina que tienes un vaso en tus manos. Cuando observas todos los Mandamientos pero no amas en el servicio, es como un vaso brillante por fuera, pero sucio por dentro. ¿Cómo ves tu vaso?". Tú le pides a Jesús: "¿Me ayudarás a enfocarme en el interior de mi corazón?".

¿Cómo terminarías esta conversación? Repasa tus pensamientos y emociones. Padre nuestro. . . .

Romanos 1:16–25
Salmo 19:2–3,4–5
Lucas 11:37–41

Miércoles

18 DE OCTUBRE

• SAN LUCAS, EVANGELISTA •

Jesús designó a otros setenta y dos discípulos y los mandó por delante, de dos en dos, a todos los pueblos y lugares a donde pensaba ir.
—LUCAS 10:1

¿Quién es tu "dos"?

Jesús los envió de dos en dos, porque ningún discípulo debía caminar solo. Todos nosotros necesitamos a alguien que nos anime, nos apoye, nos rete y se alegre con nosotros. Necesitamos nuestro "dos" para caminar y para que nos recuerde nuestra misión. ¿Quién es tu "dos"? ¿Quiénes son las personas que caminan contigo en el discipulado, que te apoyan y a las que tú apoyas, que te inspiran y a las que tú inspiras?

Reflexiona sobre las personas que han sido tu "dos" y dale gracias a Dios por ellas. Asimismo, haz un esfuerzo por darles las gracias a esas personas por acompañarte en el camino.

2 Timoteo 4:10–17b
Salmo 145:10–11,12–13,17–18
Lucas 10:1–9

Jueves
19 DE OCTUBRE

• SAN ISAAC JOGUES Y SAN JUAN DE BRÉBEUF, PRESBÍTEROS, Y COMPAÑEROS MÁRTIRES •

"¡Ay de ustedes, doctores de la ley, porque han guardado la llave de la puerta del saber! Ustedes no han entrado, y a los que iban a entrar les han cerrado el paso".
—LUCAS 11:52

¿Qué llave puede abrir la puerta de la fe?

La llave es un símbolo poderoso porque la persona que la tiene puede cerrar o abrir la puerta. Como seguidores de Jesús necesitamos oración meditativa y contemplativa para abrir la puerta que nos lleva a Jesús. La falta de oración puede ser peligrosa, porque sin oración nos podemos volver inertes, arrogantes y orgullosos. Sin oración, cerramos la puerta a Jesús.

Que tu oración sea significativa y transformadora para que abra la puerta que te lleva a Jesucristo.

Romanos 3:21–30
Salmo 130:1b–2, 3–4, 5–6ab
Lucas 11:47–54

Viernes
20 DE OCTUBRE
• SAN PABLO DE LA CRUZ, PRESBÍTERO •

"Todos los cabellos de su cabeza están contados. No teman, pues, porque ustedes valen mucho más que todos los pajarillos".
—Lucas 12:6–7

¿Cuánto te ama Dios y cuida de ti?

Cuando somos enviados como discípulos, nos asaltan momentos de temor al rechazo y la crítica. Todo lo que hacemos en el nombre de Dios nos puede llevar a instantes de miedo, pero somos reafirmados al saber que Dios está presente en nuestra vida y que pone especial atención a cada detalle. Jesús nos afirma que somos más valiosos que los pajarillos, y que Dios quiere estar con nosotros para amarnos, nutrirnos y apoyarnos en nuestro trabajo, con nuestra familia, compromisos y ministerio.

Siente la presencia de Dios y dialoga con él.

Romanos 4:1–8
Salmo 32:1b–2,5,11
Lucas 12:1–7

Sábado
21 DE OCTUBRE

"Cuando los lleven a las sinagogas y ante los jueces y autoridades, no se preocupen de cómo se van a defender".
—LUCAS 12:11

¿Es tu vida un testimonio de tu creencia en Cristo Jesús?

En la historia de la Iglesia los cristianos han sido víctimas de la violencia y hasta del martirio por sus creencias. Aunque la mayoría no experimentamos castigos severos por nuestras creencias, es posible que vivamos experiencias en las que nuestra fe sea ridiculizada o desairada. En esos momentos puede ser difícil respaldar o defender nuestra identidad y creencias cristianas. Quizá sea más fácil guardar silencio o marcharnos sin decir nada.

Ruega para que Dios te dé el valor de dar testimonio de tu fe. Que todo lo que hagas en acciones, palabras y obras muestre claramente que eres creyente y discípulo de Jesús.

Romanos 4:13,16–18
Salmo 105:6–7,8–9,42–43
Lucas 12:8–12

Domingo
22 DE OCTUBRE

• XXIX DOMINGO DEL TIEMPO ORDINARIO •

"Den, pues, al César lo que es del César, y a Dios lo que es de Dios".
—MATEO 22:21

¿Qué le pertenece a Dios?

Todo le pertenece a Dios, así que todo debe regresar a él. Tan solo necesitamos de su gracia.

Una hermosa oración de san Ignacio de Loyola precisamente habla de dar a Dios lo que es de Dios. Te invito a repetirla y llevarla en el corazón: "Toma, Señor, y recibe toda mi libertad, mi memoria, mi entendimiento, y toda mi voluntad, todo mi haber y poseer; Tú me lo diste, a Ti, Señor, lo devuelvo; todo es tuyo, dispón de todo según tu voluntad; dame tu amor y gracia, que ésta me basta".

Isaías 45:1,4–6
Salmo 96:1,3,4–5,7–8,9–10(7b)
1 Tesalonicenses 1:1–5b
Mateo 22:15–21

Lunes
23 DE OCTUBRE

• SAN JUAN CAPISTRANO, PRESBÍTERO •

"Lo mismo le pasa al que amontona riquezas para sí mismo y no se hace rico de lo que vale ante Dios".
—LUCAS 12:21

Ponte en la presencia de Dios, oración preparatoria, lectura, contemplación, diálogo, oración final.

El hombre rico solo pensaba en sí mismo y centraba su vida en acumular bienes materiales. Su ambición y egoísmo lo hicieron ciego ante las necesidades de los demás. Jesús nos recuerda que la abundancia de bienes materiales no tiene valor. Debemos cuidar de nuestros hermanos y compartir lo que tenemos.

Adéntrate en este pasaje del Evangelio y siéntate con Jesús. Pregúntale: "¿Me puedes ayudar a ver las riquezas y los tesoros de mi vida? ¿Qué puedo hacer si veo que mi vida se ve dominada por el egoísmo y la ambición?". Él te pregunta: "¿Qué esperas tener en tu lecho de muerte: personas o cosas?".

¿Cómo terminarías esta conversación? Repasa tus pensamientos y emociones. Padre nuestro. . . .

Romanos 4:20–25
Lucas 1:69–70,71–72,73–75
Lucas 12:13–21

Martes
24 DE OCTUBRE

• SAN ANTONIO MARÍA CLARET, OBISPO •

"Estén listos, con la túnica puesta y las lámparas encendidas. Sean semejantes a los criados qué están esperando a que su señor regrese de la boda, para abrirle en cuanto llegue y toque. Dichosos aquellos a quienes su señor, al llegar, encuentra en vela".
—LUCAS 12:35–37

¿Estás listo y alerta?

Cristo quiere tener un encuentro con nosotros. Si estamos listos y alertas para verlo y escucharlo, lo encontraremos. Si por el contrario, basamos nuestra vida en cosas mundanas y sin sentido, perderemos una oportunidad increíble. El papa Francisco nos lo recuerda: "Hoy Cristo está tocando a la puerta de tu corazón, de mi corazón. Él te llama y me llama a levantarnos, a estar bien despiertos y alertas, y a ver las cosas de la vida que realmente importan".

Deja las cosas mundanas que te distraen. Debes estar alerta para encontrar a Cristo.

Romanos 5:12,15b,17–19,20b–21
Salmo 40:7–8a,8b–9,10,17
Lucas 12:35–38

Miércoles
25 DE OCTUBRE

"Al que mucho se le da, se le exigirá mucho, y al que mucho se le confía, se le exigirá mucho más".
—LUCAS 12:48

¿Qué se te exigirá?

Se nos ha dado mucho y se nos ha confiado mucho. Somos portadores de la fe católica y del mensaje de Jesucristo, y se nos llama a compartirlo con los demás. ¿Cuántas veces hemos recibido la misericordia, la gracia, el perdón y el amor incondicional de Dios? Así como Dios ha sido generoso y nos ha confiado mucho, se nos pide que vayamos y lo compartamos con los demás.

Reflexiona sobre la generosidad de Dios. En oración, pide guía y valor para compartirla con el mundo.

Romanos 6:12–18
Salmo 124:1b–3,4–6,7–8
Lucas 12:39–48

Jueves
26 DE OCTUBRE

"De aquí en adelante, de cinco que haya en una familia, estarán divididos tres contra dos y dos contra tres".
—LUCAS 12:52

¿Qué pasó? ¿Tienes que pelear?

La familia es central para nosotros los hispanos; es nuestra identidad. Un pez no sabe que vive en el agua; solo sabe que no sobreviviría fuera de ella. Asimismo, muchos de nosotros no sobreviviríamos sin nuestra familia. Es por eso que las divisiones, las tensiones y los pleitos familiares duelen, lastiman y afectan a todos. El papa Francisco ha dicho: "¡No existe la familia perfecta, no hay un marido perfecto o una esposa perfecta, y ¡ni hablemos de la suegra perfecta! Solo somos nosotros, pecadores".

Coloca este consejo del Santo Padre en el refrigerador y síguelo. "Una familia saludable requiere el uso de tres palabras mágicas: 'con permiso, gracias y lo siento'. Y nunca terminar el día sin hacer las paces".

Romanos 6:19–23
Salmo 1:6 y 1–2,3,4
Lucas 12:49–53

Viernes
27 DE OCTUBRE

"¡Hipócritas! Si saben interpretar el aspecto que tiene el cielo y la tierra, ¿por qué no interpretan entonces los signos del tiempo presente?".
—LUCAS 12:56

¿Pueden tus acciones marcar la diferencia?

Estamos presenciando los efectos nefastos de la contaminación. Nos hemos convertido en una cultura adicta a lo desechable, que ignora los beneficios de reciclar y de rehusar. En lugar de lavar la botella, compramos una por un dólar. Tiramos las botellas y las bolsas de plástico sin saber a dónde van a parar. El peligro de esta actitud irresponsable es que olvidamos nuestra conexión con la Tierra. Jesús nos llama a ser buenos mayordomos y a cuidar de nuestra casa común.

En oración, pide por el esfuerzo global en torno a la protección del medio ambiente. Haz los cambios necesarios para cuidar de nuestra casa común, de nuestro mundo.

Romanos 7:18–25a
Salmo 119:66,68,76,77,93,94
Lucas 12:54–59

Sábado
28 DE OCTUBRE

• SAN SIMÓN Y SAN JUDAS, APÓSTOLES •

Cuando se hizo de día, llamó a sus discípulos, eligió a doce de entre ellos y les dio el nombre de apóstoles.
—LUCAS 6:13

¿Te preguntas si puedes ser misionero?

Un domingo presencié el momento en el que más de veinte niños entre cinco y siete años de edad hacían su compromiso misionero frente a una estatua del Sagrado Corazón. Habían aprendido la Buena Nueva de Jesús y se comprometían a vivir como misioneros y llevar el mensaje a sus padres y hermanos. A tan corta edad, ya se veían a sí mismos como misioneros. Así como llamó a los doce apóstoles, Jesús continúa llamándonos a unirnos a su misión en la Iglesia.

¡Atrévete a ser misionero! Sal de tu zona de confort y busca a alguien que no vaya a misa. Pregúntale la causa, escúchalo y comparte la importancia de la misa, de la comunidad y de recibir el cuerpo de Jesús.

Efesios 2:19–22
Salmo 19:2–3,4–5
Lucas 6:12–16

Domingo
29 DE OCTUBRE
• XXX DOMINGO DEL TIEMPO ORDINARIO •

"Maestro, ¿cuál es el mandamiento más grande de la ley?".
—MATEO 22:36

¿Por qué nos creó Dios?

Mi padre fue formado por los jesuitas y fue catequista por 40 años. Era muy común que interrumpiera el juego de uno de sus 18 hijos para preguntarle: "¿Para qué te traje a este mundo?". La respuesta que él esperaba es muy parecida a la respuesta número seis del catecismo de Baltimore: "Para conocer, amar y servir a Dios en este mundo y ser feliz con él en el cielo por siempre". Si le dábamos esa respuesta, podíamos continuar corriendo y jugando. Así aprendí que fuimos hechos para Dios, para amarlo con todo nuestro ser y para poner ese amor en acción, amando a los demás. Este es mi resumen del mandamiento más grande.

Lee de nuevo el Evangelio y escribe tu propio resumen del mandamiento más grande.

Éxodo 22:20–26
Salmo 18:2–3,3–4,47,51(2)
1 Tesalonicenses 1:5c–10
Mateo 22:34–40

⇒ 337 ⇐

Lunes
30 DE OCTUBRE

Pero el jefe de la sinagoga, indignado de que Jesús hubiera hecho una curación en sábado, le dijo a la gente: "Hay seis días de la semana en los que se puede trabajar; vengan, pues, durante esos días a que los curen y no el sábado".
—LUCAS 13:14

¿Cómo te sientes cuando te regañan?

Las palabras pueden tener el poder de herir. En ocasiones alejamos a la gente de la Iglesia con una reprimenda. Como representantes de la Iglesia Católica de Jesucristo debemos ser siempre pastorales en nuestro ministerio. Esto significa que debemos ser conscientes del ser humano frente a nosotros y su situación. Debemos ser comprensivos, amables y suaves, para no ser como los líderes de la sinagoga que limitaban la compasión y la misericordia de Dios.

Reflexiona en una situación en la que pudiste haber sido más pastoral. En oración, pide sabiduría y un corazón suave para servir mejor en el ministerio.

Romanos 8:12–17
Salmo 68:2 y 4,6–7ab,20–21
Lucas 13:10–17

Martes
31 DE OCTUBRE

En aquel tiempo, Jesús dijo: "¿A qué se parece el Reino de Dios? ¿Con qué podré compararlo?".
—LUCAS 13:18

Ponte en la presencia de Dios, oración preparatoria, lectura, contemplación, diálogo, oración final.

Jesús nos habla de cómo se puede construir el reino de Dios a través del ministerio en la Iglesia. Nos da dos ejemplos de cómo es posible obtener grandes resultados a partir de un comienzo pequeño.

Imagina que escuchas a Jesús hablar en este pasaje del Evangelio. Él te dice: "Te observo en tu vida ministerial y estoy orgulloso de... ¿Alguna vez has sentido que lo que haces es insignificante?". Manifiéstale a Jesús tus dudas: "¿Estás seguro de que soy la persona indicada para esto? ¿Cómo puedo ser un granito de mostaza o levadura?".

¿Cómo terminarías esta conversación? Repasa tus pensamientos y emociones. Padre nuestro....

Romanos 8:18–25
Salmo 126:1b–2ab,2cd–3,4–5,6
Lucas 13:18–21

Miércoles
1 DE NOVIEMBRE
• TODOS LOS SANTOS •

"Alégrense y salten de contento, porque su premio será grande en los cielos".
—MATEO 5:12

Si te pidieran escribir una lista de los requisitos para ser un discípulo de Jesús, ¿qué incluirías?

Durante siglos, las Bienaventuranzas han servido como pauta para el discipulado de Jesús y como un listado de sus promesas. Si sufrimos, seremos consolados; si somos compasivos, obtendremos misericordia; si trabajamos por la paz, seremos reconocidos como hijos de Dios.

Al leer las Bienaventuranzas, hazte estas preguntas: "¿Vivo las Bienaventuranzas? ¿Soy de corazón limpio y trabajo por la paz?". Reza para que puedas vivir la plenitud de las Bienaventuranzas cada día.

Revelación 7:2–4,9–14
Salmo 24:1b–2,3–4ab,5–6
1 Juan 3:1–3
Mateo 5:1–12a

Jueves
2 DE NOVIEMBRE
• CONMEMORACIÓN DE TODOS LOS FIELES DIFUNTOS •

"La voluntad de mi Padre consiste en que todo el que vea al Hijo y crea en él, tenga vida eterna y yo lo resucite en el último día".
—JUAN 6:40

¿Cómo celebramos los hispanos el Día de los Muertos?

La Resurrección de Jesús destruyó el poder de la muerte. Por eso, los hispanos recordamos a nuestros seres queridos en un espíritu de fiesta sabiendo que la muerte no es el final. Los seres queridos que han partido son parte de la comunión de los santos y están conectados a nosotros. Así lo dice San Pablo: "Pues estoy convencido de que ni la muerte ni la vida... podrá apartarnos del amor que nos ha manifestado Dios en Cristo Jesús".

Hoy proclamamos la victoria de Jesús sobre la muerte. Exhibe fotografías de tus seres queridos que ya han muerto y ora con ellos. Comparte una historia especial de fe que haya influido de manera especial en tu vida de fe.

Sabiduría 3:1–9
Romanos 5:5–11 o 6:3–9
Juan 6:37–40

Viernes

3 DE NOVIEMBRE

• SAN MARTÍN DE PORRES •

Había allí, frente a él, un enfermo de hidropesía y Jesús, dirigiéndose a los escribas y fariseos, les preguntó: "¿Está permitido curar el sábado o no?".
—LUCAS 14:2–3

¿Cómo encuentras sabiduría?

Cierta vez, un amigo compartió conmigo esta historia: Era un viernes de Cuaresma y en su casa solo había tortillas y salchichón. Su madre hizo unos taquitos y juntos oraron pidiendo a Dios que entendiera la situación. Al final, ella terminó la oración así: "¿Está permitido curar el sábado, verdad?".

La sabiduría de nuestros padres y abuelos estaba cimentada en su fe. Evaluaban la situación, oraban y pedían a Dios guía y dirección. La vida giraba en torno a Dios y a él se le consultaba en busca de sabiduría.

Da gracias por los grandes maestros que te inculcaron la fe y te dieron ejemplo. Pide al Espíritu Santo que te dé sabiduría en todas las situaciones.

Romanos 9:1–5
Salmo 147:12–13,14–15,19–20
Lucas 14:1–6

Sábado

4 DE NOVIEMBRE

• SAN CARLOS BORROMEO, OBISPO •

"Porque el que se engrandece a sí mismo, será humillado; y el que se humilla, será engrandecido".
—LUCAS 14:11

¿Qué tiene de malo centrarte en ti mismo?

La humildad a veces es vista como algo negativo; como resignarse a que se nos ignore o a pasar inadvertidos. Pero eso no es humildad. "La humildad no es pensar menos de uno mismo, sino pensar en uno mismo menos" escribe C. S. Lewis. Cuando no somos humildes, dejamos que nuestro egoísmo nos domine, lo que limita nuestra visión, enfocándola hacia nosotros mismos. La humildad nos permite poner al otro antes que a uno mismo y, al hacerlo, encontramos la presencia de Dios y nuestra plenitud. El egoísmo nos impide servir a los demás.

Deja a un lado tu egoísmo, piensa menos en ti mismo y camina hoy con Dios.

Romanos 11:1–2a,11–12,25–29
Salmo 94:12–13a,14–15,17–18
Lucas 14:1,7–11

Domingo

5 DE NOVIEMBRE

• XXXI DOMINGO DEL TIEMPO ORDINARIO •

"Ustedes, en cambio, no dejen que los llamen 'maestros', porque no tienen más que un Maestro y todos ustedes son hermanos".
—MATEO 23:10

¿Simplemente sabes acerca de Jesús? ¿O de verdad conoces a Jesús?

Una reportera profesional se ofreció como lectora en la misa porque tenía muy buena voz y aptitud para hablar en público. Pero la primera vez que proclamó la palabra de Dios, se sintió desilusionada porque la gente prestó más atención a la primera lectora: una mujer mayor sin dotes de oradora. Cuando la reportera le pidió asesoría a la mujer mayor, esta le respondió: "Tú lees acerca de la Buena Nueva, pero yo conozco personalmente la Buena Nueva y al que trajo la Buena Nueva a mi vida. Conoce a Jesús y podrás proclamar bien su mensaje".

¡Invita a Jesús a compartir hoy un rato contigo!

Malaquías 1:14b–2:2b,8–10
Salmo 131:1,2,3
1 Tesalonicenses 2:7b–9,13
Mateo 23:1–12

Lunes
6 DE NOVIEMBRE

"Al contrario, cuando des un banquete, invita a los pobres, a los lisiados, a los cojos y a los ciegos; y así serás dichoso, porque ellos no tienen con qué pagarte; pero ya se te pagará, cuando resuciten los justos".
—LUCAS 14:12–13

¿Esperas remuneración por las buenas obras?

Los sobrinos de mi mamá fueron los primeros del barrio en tener un refrigerador y se metieron en líos por vender cubos de hielo a los vecinos aprovechándose de sus necesidades. No debemos hacer las cosas pensando en lo que obtendremos a cambio. Debemos entregarnos por el bien y el servicio al reino de Dios. Así lo ha expresado el papa Francisco: "Para cambiar al mundo, debemos ser buenos con aquellos que no pueden pagarnos".

Haz algo por alguien sin esperar nada a cambio. Comparte tu almuerzo con un compañero o un café con un desconocido.

Romanos 11:29–36
Salmo 69:30–31,33–34,36
Lucas 14:12–14

Martes
7 DE NOVIEMBRE

"Un hombre preparó un gran banquete y convidó a muchas personas. Cuando llegó la hora del banquete, mandó un criado suyo a avisarles a los invitados que vinieran, porque ya todo estaba listo".
—LUCAS 14:17

Imagina que recibes una invitación a la Casa Blanca o al Vaticano. ¿Cómo reaccionarías?

La realidad es que la invitación más importante que podemos recibir se nos da diariamente. Cada día Jesús nos invita a encontrarnos con él para que conozcamos la paz, la misericordia y el amor verdaderos. También nos da la oportunidad de conocerlo mejor, de servirlo y de amarlo.

En oración, pide un corazón abierto y atento a las invitaciones del día de hoy. ¡Permítele a Jesús sorprenderte! Acepta su invitación y deja que te ame. Así, al sentirte amado, devolverás amor.

Romanos 12:5–16ab
Salmo 131:1bcde,2,3
Lucas 14:15–24

Miércoles
8 DE NOVIEMBRE

"Si alguno quiere seguirme y no me prefiere a su padre y a su madre, a su esposa y a sus hijos, a sus hermanos y a sus hermanos, más aún, a sí mismo, no puede ser mi discípulo".
—LUCAS 14:26

¿Debes escoger entre Jesús y tus padres?

Jesús no nos pide que neguemos a nuestros padres, sino que entendamos que no podemos anteponer nada a Dios. Para vivir el discipulado debemos vivir en la indiferencia. San Ignacio nos enseña que la indiferencia significa el desprendimiento de las cosas materiales y terrenales para que solo estemos adheridos a Dios. No significa que seamos despreocupados por lo demás, sino que Dios debe ocupar el primer lugar en nuestra vida.

Reza por un espíritu de indiferencia que te permita dejar las cosas terrenales y anteponer a Dios siempre.

Romanos 13:8–10
Salmo 112:1b–2,4–5,9
Lucas 14:25–33

Jueves
9 DE NOVIEMBRE

• DEDICACIÓN DE LA BASÍLICA LETRÁN •

Y a los que vendían palomas les dijo: "Quiten todo de aquí y no conviertan en un mercado la casa de mi Padre".
—JUAN 2:16

Ponte en la presencia de Dios, oración preparatoria, lectura, contemplación, diálogo, oración final.

Jesús limpió el templo de Jerusalén de la corrupción y del abuso a los pobres para que pudiera ser un lugar de alabanza y oración.

Adéntrate en el pasaje de las Escrituras y observa la escena. Permítele a Jesús limpiar el templo de tu corazón. Ahora siéntate con él. Tú le pides: "¿Me ayudarías a limpiar mi corazón de todas las cosas materiales, del individualismo y del egoísmo? ¿Me puedes ayudar a hacer espacio para Dios en mi corazón?". Jesús te pregunta: "¿Ves la ventaja de limpiar tu corazón? ¿Qué más puedo hacer para ayudarte?".

¿Cómo terminarías esta conversación? Repasa tus pensamientos y emociones. Padre nuestro. . . .

Ezequiel 47:1–2,8–9,12
Salmo 46:2–3,5–6,8–9
1 Corintios 3:9c–11,16–17
Juan 2:13–22

Viernes
10 DE NOVIEMBRE
• SAN LEÓN MAGNO, PAPA Y DOCTOR DE LA IGLESIA •

En aquel tiempo, Jesús dijo a sus discípulos: "Había una vez un hombre rico que tenía un administrador, el cual fue acusado ante él de haberle malgastado sus bienes".
—LUCAS: 16:1–2

¿Eres buen administrador?

La corrupción es cosa de todos los días. Vemos personas en cargos poderosos que se desvían por la comodidad o las posesiones y pierden de vista su propósito en la vida. Cuando menos lo piensan, se dan cuenta de que perdieron su buen nombre e integridad y que no pueden dar marcha atrás. No se propusieron ser corruptos, sino que pequeñas mentiras, abusos y robos los llevaron a grandes cosas.

Sé un administrador íntegro y de buen carácter. No te dejes seducir por las posesiones o la riqueza. Reza por quienes no han sido buenos administradores y pide fuerzas para que no seas tentado por la avaricia.

Romanos 15:14–21
Salmo 98:1,2–3ab,3CD–4
Lucas 16:1–8

Sábado
11 DE NOVIEMBRE

• SAN MARTÍN DE TOURS, OBISPO •

"Ustedes pretenden pasar por justos delante de los hombres; pero Dios conoce sus corazones".
—LUCAS 16:15

¿Puede Dios realmente ver cada pedazo de tu corazón?

Siempre me divirtió cuestionar a mis sobrinos cuando sospechaba que me estaban diciendo mentiras. Apuntaba a una imagen de Jesús o de la Virgen de Guadalupe y les preguntaba: "¿Me están diciendo la verdad? Porque Jesús y la Virgen de Guadalupe los están viendo". Casi siempre quedaban paralizados del susto ante la imagen de Jesús o de la Virgen. No era la imagen en sí lo que los forzaba a ser honestos, sino pensar en que Jesús o la Virgen de Guadalupe sabían lo que había en su corazón. Es posible esconder las cosas a los demás, pero no a Dios. Él conoce nuestro corazón.

¿Está tu corazón escondiendo algo a Dios? Sincérate con Dios en oración, sabiendo que él te ama.

Romanos 16:3–9,16,22–27
Salmo 145:2–3,4–5,10–11
Lucas 16:9–15

Domingo

12 DE NOVIEMBRE

• XXXII DOMINGO DEL TIEMPO ORDINARIO •

*"Como el esposo tardaba, les entró sueño a todas y se durmieron.
A medianoche se oyó un grito: "¡Ya viene el esposo!
¡Salgan a su encuentro!""*
—MATEO 25:5–6

¿Cómo te preparas para encontrarte con Jesús?

Hay un dicho que dice así: "Camarón que se duerme, se lo lleva la corriente". Debemos estar preparados para encontrarnos con Jesús. Si no estamos listos o somos indiferentes, nos llevará la corriente y perderemos el encuentro. La preparación significa rezar, leer las Escrituras, escuchar la voz de Dios en el silencio o en el ruido del diario vivir, estar presentes para ver la bondad y la belleza de nuestro entorno.

Empieza la mañana haciendo la señal de la cruz antes de levantarte. Pide al Espíritu Santo que abra tu corazón para ver a Jesús a lo largo del día. ¡Deja que Jesús te sorprenda!

Sabiduría 6:12–16
Salmo 63:2,3–4,5–6,7–8(2b)
1 Tesalonicenses 4:13–18
Mateo 25:1–13

Lunes
13 DE NOVIEMBRE

• SANTA FRANCISCA JAVIER CABRINI, VIRGEN •

En aquel tiempo, Jesús dijo a sus discípulos: "No es posible evitar que existan ocasiones de pecado, pero ¡ay de aquel que las provoca!".
—LUCAS 17:1

¿Eres consciente del ejemplo que das?

Pasamos tiempo en la Iglesia, hacemos trabajo ministerial y lo que hacemos es visto por los demás. Nuestros familiares, amigos y compañeros de trabajo nos ven como un ejemplo de fe. Aunque nos guste o no, muchos nos perciben como modelos a seguir y tenemos una responsabilidad con ellos. Por eso, cuando no aplicamos lo que predicamos, confundimos a la gente. Cuando hacemos cosas que sabemos que están mal, nuestro ejemplo puede hacer creer a otros que ciertos pecadillos están bien.

En oración, pide al Espíritu Santo que te guíe en tus palabras y acciones.

Sabiduría 1:1–7
Salmo 139:1b–3,4–6,7–8,9–10
Lucas 17:1–6

Martes
14 DE NOVIEMBRE

"Cuando hayan cumplido todo lo que se les mandó, digan: 'No somos más que siervos; solo hemos hecho lo que teníamos que hacer'".
—LUCAS 17:10

¿Cuál es tu actitud diaria?

Todos tenemos a alguien en nuestro camino espiritual que de alguna manera refleja la paz y el amor de Cristo. Tal vez no hayamos podido detectar qué es lo que tienen, pero es obvio que llevan a Dios en su corazón. Su actitud de alegría, paz y amor nos impulsa a querer ser como ellos. Nuestra vida da testimonio del poder del amor de Dios. Cuando dejamos que el amor de Dios viva en nuestro corazón, tenemos una actitud de compasión, alegría, paciencia, perdón y entendimiento.

Guarda silencio por un minuto y siéntate con Dios. Deja que él llene y motive tu actitud de hoy.

Sabiduría 2:23–3:9
Salmo 34:2–3,16–17,18–19
Lucas 17:7–10

Miércoles
15 DE NOVIEMBRE

• SAN ALBERTO MAGNO, OBISPO Y DOCTOR DE LA IGLESIA •

"¿Dónde están los otros nueve? ¿No ha habido nadie, fuera de este extranjero, que volviera para dar gloria a Dios?".
—LUCAS 17:17–18

¿Cuántos motivos de agradecimiento tienes?

La gratitud es central para la espiritualidad ignaciana. El examen diario hace énfasis en repasar las últimas 24 horas con gratitud, dando gracias a Dios por sus muchos regalos, bendiciones y gracias. San Ignacio veía la gratitud como un componente central de nuestra relación con Dios. Nueve leprosos no regresaron a dar gracias. Dieron por sentada la sanación. El único que regresó, le dio gracias y ahora es ejemplo de gratitud. Cuanto más agradecemos, más percibimos el amor generoso de Dios.

Hoy, toma una hoja de papel y haz una lista de las cosas por las que estás agradecido. Te sorprenderá lo larga que resulta.

Sabiduría 6:1–11
Salmo 82:3–4,6–7
Lucas 17:11–19

Jueves

16 DE NOVIEMBRE

• SANTA MARGARITA DE ESCOCIA • SANTA GERTRUDIS, VIRGEN •

"El Reino de Dios no llega aparatosamente. No se podrá decir: 'Está aquí' o 'Está allá', porque el Reino de Dios ya está entre ustedes".
—LUCAS 17:20–21

¿Cómo se ve el reino de Dios?

El reino de Dios está creciendo en nuestros días. Muchos han optado por ayudar a construir el reino mediante la oración o viviendo el mensaje del Evangelio en todos los aspectos de su vida diaria. Seremos testigos de la venida del reino de Dios cuando no haya ni un niño hambriento, cuando desaparezca el racismo y cuando nadie tenga que emigrar debido a la pobreza o la violencia, por nombrar algunas condiciones. El reino no está escondido, como tampoco está lejos de nosotros.

Haz tu parte en la construcción del reino de Dios. Promueve la justicia, el cuidado a los pobres y el amor al prójimo en todo lo que hagas.

Sabiduría 7:22b–8:1
Salmo 119:89,90,91,130,135,175
Lucas 17:20–25

Viernes
17 DE NOVIEMBRE

• SANTA ISABEL DE HUNGRÍA, RELIGIOSA •

*"Quien intente conservar su vida, la perderá; y quien la pierda,
la conservará".*
—LUCAS 17:33

¿Puedes confiar en Dios y depender completamente de él?

Muchas de nuestras familias nos enseñaron a vivir con plena confianza en Dios y a depender de él. Nos enseñaron a aferrarnos a Dios en todo tipo de situaciones, buenas o malas. Se trataba de vivir la vida sabiendo que Dios camina con nosotros. Esa dependencia y confianza en Dios se hace palpable en frases como "Si Dios quiere", "Si Dios nos da vida", o "Primero Dios". En esencia, esto expresa que todo está en las manos de Dios.

Acógete a la sabiduría de tus antepasados, ponte en las manos de Dios y confía en él para todo. Deja que tus palabras den testimonio de esa confianza y dependencia.

Sabiduría 13:1–9
Salmo 19:2–3,4–5ab
Lucas 17:26–37

Sábado
18 DE NOVIEMBRE

• DEDICACIÓN DE LAS BASÍLICAS DE SAN PEDRO Y SAN PABLO, APÓSTOLES •
SANTA ROSA FILIPINA DUCHESNE, VIRGEN •

En aquel tiempo, para enseñar a sus discípulos la necesidad de orar siempre y sin desfallecer, Jesús les propuso esta parábola...
—LUCAS 18:1

Ponte en la presencia de Dios, oración preparatoria lectura, contemplación, diálogo, oración final.

La persistencia de la oración es el foco central de esta parábola. La viuda persistente es un símbolo para aquellos que se encuentran sin defensa. Adéntrate en el pasaje de las Escrituras y observa cómo la viuda de esta parábola es persistente, pues no tiene nadie que luche por ella. Acércate a Jesús, siéntate a su lado y pregúntale: "¿Qué te puedo pedir para este mundo con tantos problemas?". Jesús te dice: "¿Por qué o por quién quieres rezar en este momento? Ten fe y confianza en que puedes pedir en todo momento. Yo siempre estoy contigo".

¿Cómo terminarías esta conversación? Repasa tus pensamientos y emociones. Padre nuestro. . . .

Sabiduría 18:14–16;19:6–9
Salmo 105:2–3,36–37,42–43
Lucas 18:1–8

Domingo
19 DE NOVIEMBRE
• XXXIII DOMINGO DEL TIEMPO ORDINARIO •

"Su señor le dijo: 'Te felicito, siervo bueno y fiel. . . Entra a tomar parte en la alegría de tu señor'".
—MATEO 25:21

Ponte en la presencia de Dios, oración preparatoria, lectura, contemplación, diálogo, oración final.

Haz buen uso de lo que Dios te ha dado. Adéntrate en el pasaje y observa los rostros de aquellos a los que les encargó sus pertenencias. ¿Cómo reaccionan ante el amo?

Ahora acércate a Jesús y siéntate a su lado. Él te dice: "Muy bien, servidor bueno y honrado. Te he visto usar tus dones y talentos en el servicio y ministerio. Específicamente quiero decirte. . .". Escucha a Jesús. Luego, pregúntale: "¿Que significa 'entra a tomar parte en la alegría de tu Señor'?". Pídele a Jesús lo que te hace falta para hacer mejor tu ministerio.

¿Cómo terminarías esta conversación? Repasa tus pensamientos y emociones. Padre nuestro. . . .

Proverbios 31:10–13,19–20,30–31
Salmo 128:1–2,3,4–5
1 Tesalonicenses 5:1–6
Mateo 25:14–30 o 25:14–15,19–21

Lunes
20 DE NOVIEMBRE

"¿Qué quieres que haga por ti?". Él le contestó: "Señor, que vea".
—LUCAS 18:41

¿Por qué existen tantas historias de ceguera en las Escrituras?

La ceguera no siempre significa que no podamos ver en el sentido literal, sino que hay obstáculos para percibir lo que debemos percibir. No nos damos cuenta de que hay muchas áreas de mala visión o de pérdida gradual de la vista en nuestra vida espiritual. Dejamos que ciertas cosas nos impidan ver lo que es más importante en la vida. Y Jesús nos pregunta diariamente "¿Qué quieres que haga por ti?".

Reflexiona sobre las cosas que causan tu propia ceguera espiritual y pídele a Jesús que te ayude a ver.

1 Macabeos 1:10–15,41–43,54–57,62–63
Salmo 119:53,61,134,150,155,158
Lucas 18:35–43

Martes
21 DE NOVIEMBRE

• PRESENTACIÓN DE LA SANTÍSIMA VIRGEN MARÍA •

Zaqueo, poniéndose de pie, dijo a Jesús: "Mira, Señor, voy a dar a los pobres la mitad de mis bienes y, si he defraudado a alguien, le restituiré cuatro veces más".
—LUCAS 19:8

¿Cómo puede transformar a una persona un encuentro con Jesús?

Nuestros encuentros con Jesús afectan lo que somos, lo que queremos ser y cómo queremos actuar, pero no todo sucede al mismo tiempo. Como discípulos constantemente luchamos para ser como Cristo. Te invito a rezar las palabras de san Ignacio:

> Señor, enséñame a ser generoso.
> Enséñame a servirte como tú mereces,
> a dar sin contar el costo,
> a luchar sin reparar en las heridas,
> a laborar sin buscar descanso,
> a trabajar sin pedir recompensa,
> si no es el saber que cumplo tu voluntad.

2 Macabeos 6:18–31
Salmo 3:2–3,4–5,6–7
Lucas 19:1–10

Miércoles

22 DE NOVIEMBRE

• SANTA CECILIA, VIRGEN Y MÁRTIR •

"Muy bien. Eres un buen empleado. Puesto que has sido fiel en una cosa pequeña, serás gobernador de diez ciudades".
—LUCAS 19:17

¿Qué estás haciendo con las diez monedas de oro que se te confiaron?

Como cristianos bautizados se nos ha encomendado el mensaje y la misión de Jesucristo. También se nos han dado dones y talentos para servir en esa misión. Así que, si nos sentamos con las diez monedas de oro en las manos preguntándonos qué hacer, la respuesta es dejar a un lado el miedo. Debemos arriesgarnos en el nombre de Dios y de su misión. Debemos tener valor y ser creativos para compartir el mensaje de Dios y para construir el reino de Dios en nuestros días. Aunque haya obstáculos, vale la pena arriesgarlo todo por Dios, ya que él nunca nos falla.

En oración, pide valor, iniciativa y creatividad para compartir tus dones y talentos por el reino de Dios.

2 Macabeos 7:1,20–31
Salmo 17:1bcd,5–6,8b y 15
Lucas 19:11–28

Jueves
23 DE NOVIEMBRE

• SAN CLEMENTE I, PAPA Y MÁRTIR • SAN COLUMBANO, ABAD • BEATO MIGUEL AGUSTÍN PRO, PRESBÍTERO Y MÁRTIR • DÍA DE ACCIÓN DE GRACIAS •

Cuando Jesús estuvo cerca de Jerusalén y contempló la ciudad, lloró por ella y exclamó: "¡Si en este día comprendieras tú lo que puede conducirte a la paz! Pero eso está oculto a tus ojos".
—LUCAS 19:41–42

¿Realmente lloró Jesús?

En estos días hay mucha gente como aquellas personas en Jerusalén que ignoraban el mensaje de Jesús. Parecen estar contentos y alegres con una forma de vida carente de significado o satisfacción, cuando en realidad anhelan ese significado y anhelan a Dios. Jesús los ve y llora, porque él quiere extender sus manos hacia ellos y tocar sus vidas. Estamos llamados a ser los brazos de Jesús y las manos que buscan e invitan a esas personas a recibir el poder amoroso y la misericordia que Dios ofrece.

Hoy, toca la vida de alguien e invítalo a rezar o a ir a misa contigo.

1 Macabeos 2:15–29
Salmo 50:1b–2,5–6,14–15
Lucas 19:41–44

Viernes

24 DE NOVIEMBRE

• ANDRÉS DUNG-LAC, PRESBÍTERO Y MÁRTIR, Y COMPAÑEROS, MÁRTIRES •

Jesus entró en el templo y comenzó a echar fuera a los que vendían y compraban allí.
—LUCAS 19:45

¿En qué te ayudaría ordenar tu vida?

El inicio de un año nuevo nos motiva a ordenar y hacer planes. Este primer domingo de Adviento, en que nuestra Iglesia inicia un nuevo año, es el tiempo perfecto para limpiar nuestro templo, nuestro corazón y nuestro hogar del desorden y las distracciones que nos impiden vivir y amar completamente.

Prepara y limpia tu templo para el año nuevo. Limpia los armarios y comparte las cobijas y la ropa abrigada. Suelta todo lo que no uses. Haz un compromiso de orar o de tener un ritual especial de oración en familia, y cuida de tu salud. Haz planes para un Nuevo Año de amor y servicio a Dios.

1 Macabeos 4:36–37,52–59
1 Crónicas 29:10bcd,11abc,11d–12a,12bcd
Lucas 19:45–48

Sábado
25 DE NOVIEMBRE

• SANTA CATALINA DE ALEJANDRÍA, VIRGEN Y MÁRTIR •

"Ahora bien, cuando llegue la resurrección, ¿de cuál de ellos será esposa la mujer, pues los siete estuvieron casados con ella?".
—LUCAS 20:33

Si pudieras hablar con Jesús de la vida después de la muerte, ¿qué le preguntarías?

Cuando murió mi madre, sentí el dolor más profundo y grande que mi corazón jamás hubiera sentido. La maravillosa mujer que me dio la vida y que me enseñó a vivir con fe, compasión y amor, ya no estaba aquí para acariciarme. Y me pregunté: "¿Realmente creo que mi madre está con Dios, con su mamá y con mi padre?". No dudaba de la Resurrección, pero ansiaba poderla entender más profundamente. Sé que Jesús venció la oscuridad y la muerte, y que nada puede separarnos de nuestros seres queridos.

Te invito a reflexionar en tus creencias. Da gracias a Jesús por ser la Resurrección y por la oportunidad de vivir plenamente con él hoy, mañana y siempre.

1 Macabeos 6:1–13
Salmo 9:2–3,4 y 6,16 y 19
Lucas 20:27–40

Domingo
26 DE NOVIEMBRE
• NUESTRO SEÑOR JESUCRISTO, REY DEL UNIVERSO •

"Yo les aseguro que, cuando lo hicieron con el más insignificante de mis hermanos, conmigo lo hicieron".
—MATEO 25:40

Ponte en la presencia de Dios, oración preparatoria, lectura, contemplación, diálogo, oración final.

Adéntrate en este pasaje del Evangelio y escucha el juicio final como si nunca lo hubieras escuchado. Observa a las ovejas que se dan cuenta de que tienen un espacio en el reino pues las carga Jesús. Habla con una de las personas que sirvió a los más insignificantes con amor y compasión. Pregúntale: "¿Sabías que lo que hiciste por los demás lo estabas haciendo por Jesús? ¿Has tenido siempre éxito viviendo así? ¿Qué consejos me podrías dar?". Esa persona te contesta: "Dame ejemplos de lo que has hecho por Jesús. ¿Qué harás esta semana para cuidar de él?".

¿Cómo terminarías esta conversación? Repasa tus pensamientos y emociones. Padre nuestro. . . .

Ezequiel 34:11–12,15–17
Salmo 23:1–2,2–3,5–6(1)
1 Corintios 15:20–26,28
Mateo 25:31–46

Lunes
27 DE NOVIEMBRE

[Jesús dijo:] "Porque éstos dan a Dios de lo que les sobra; pero ella, en su pobreza, ha dado todo lo que tenía para vivir".
—LUCAS 21:3–4

¿Das con el corazón o das por el qué dirán?

Es increíblemente conmovedor ver a alguien que da todo lo que posee. Quizá recuerdas la generosidad de una madre que se quedaba sin comer con tal de que sus hijos tuvieran suficiente alimento. O tal vez recuerdes a un padre que constantemente arreglaba su vieja troca para poder sacar a la familia a pasear. La generosidad de los padres es espontánea y viene de su propio ser, porque el dar es una reacción natural que surge del amor.

Te invito a darte a Dios y al prójimo con amor, siendo generoso con tu tiempo, tu dinero, tu amor y tu paciencia. Sigue el ejemplo generoso de un padre o una madre.

Daniel 1:1–6,8–20
Daniel 3:52,53,54,55,56
Lucas 21:1–4

Martes
28 DE NOVIEMBRE

"Cuando oigan hablar de guerras y revoluciones, que no los domine el pánico, porque eso tiene que acontecer, pero todavía no es el fin".
—LUCAS 21:9

¿Cómo puedes encontrar esperanza en la oscuridad?

Cuando tenemos esperanza, vemos que Dios cumple sus planes, pero cuando nos falta esperanza, todo lo que vemos es condena y destrucción. Somos profetas de esperanza y sabemos que Dios reina. Si nuestra vida espiritual está llena de pesimismo, tristeza y cinismo, entonces damos lugar a que la oscuridad y las tinieblas gobiernen nuestra vida.

Enfócate en el plan que Jesús va mostrando para tu vida y el mundo. Así verás en él la bondad, la misericordia, la compasión, el poder del amor, la grandeza de los sacramentos, las razones para creer, la alegría de la justicia y la paz que están por llegar.

Daniel 2:31–45
Daniel 3:57,58,59,60,61
Lucas 21:5–11

Miércoles
29 DE NOVIEMBRE

[Jesús dijo:] "Los odiarán por causa mía. Sin embargo, ni un cabello de su cabeza perecerá".
—LUCAS 21:17–18

¿Permites que el miedo te controle?

Es impresionante ver el gran poder del miedo. El miedo nos puede paralizar, robar la compasión hacia el prójimo y hacer que nos encerremos en nosotros mismos. Sin embargo, el miedo es un sentimiento sin sentido, porque Dios siempre nos acompaña. Jesús nos reafirma que Dios siempre estará con nosotros protegiéndonos y dirigiendo nuestras palabras.

No dejes que el miedo domine o dirija tu vida. Encuentra motivación en la presencia y el apoyo de Dios. Te invito a tomar la luz de Cristo en un mundo necesitado del anuncio de la Buena Nueva de Dios.

Daniel 5:1–6,13–14,16–17,23–28
Daniel 3:62,63,64,65,66,67
Lucas 21:12–19

Jueves
30 DE NOVIEMBRE
• SAN ANDRÉS, APÓSTOL •

Jesús les dijo: "Síganme y los haré pescadores de hombres".
Ellos inmediatamente dejaron las redes y lo siguieron.
—MATEO 4:19–20

¿Puedes imaginar a Jesús que te mira a los ojos, pronuncia tu nombre y luego dice "sígueme"?

Esta Escritura siempre me recuerda la alabanza más conocida de Cesáreo Gabaráin: "Pescador de hombres. Tú has venido a la orilla, no has buscado a sabios ni a ricos, tan solo quieres que yo te siga. Señor, me has mirado a los ojos, sonriendo has dicho mi nombre, en la arena he dejado mi barca. Junto a ti, buscaré otro mar. Tú sabes bien lo que tengo en mi barca; no hay oro ni espadas, tan solo redes y mi trabajo".

Te invito a que recites o cantes esta alabanza durante el día como un recordatorio de tu llamado y tu respuesta. Luego, haz de nuevo el compromiso de seguir a Jesús.

Romanos 10:9–18
Salmo 19:8,9,10,11
Mateo 4:18–22

Viernes
1 DE DICIEMBRE

"Cuando ven que empiezan a dar fruto, saben que ya está cerca el verano. Así también, cuando vean que suceden las cosas que les he dicho, sepan que el Reino de Dios está cerca".
—LUCAS 21:30

¿Para qué están entrenados tus ojos?

Los ojos de una maestra ven a los niños que tratan de escabullirse. Los ojos de un constructor notan las estructuras e imperfecciones. Los ojos de un herrero que ven una escalera de caracol podrán calcular el tiempo y los materiales necesarios para hacer una obra de arte similar. Todos somos expertos en algo y nuestros ojos están entrenados para buscar cosas específicas. El mensaje de Jesús y su llamado debería afectar nuestra vista para ver el reino que viene.

Entrena y ejercita tus ojos del corazón para ver la construcción del reino de Dios. Hoy, busca ver bondad, misericordia, amor y esperanza en tu entorno, y da gracias a Dios.

Daniel 7:2–14
Daniel 3:75,76,77,78,79,80,81
Lucas 21:29–33

Sábado
2 DE DICIEMBRE

"Estén alerta, para que los vicios, la embriaguez y las preocupaciones de esta vida no entorpezcan su mente y aquel día los sorprenda desprevenidos".
—LUCAS 21:34

¿Qué hace que tu corazón se adormezca?

En medio de los preparativos para la Navidad, los ojos de nuestro corazón a veces se adormecen y no nos dejan ver el verdadero significado de la estación. En nuestra espera del Adviento, pidámosle a Jesús que abra los ojos de nuestro corazón para que no nos dejemos llevar por los detalles de las reuniones, las decoraciones, las ventas o los regalos navideños, ya que esto nos produce manchas de ceguera.

Pídele a Dios que abra los ojos de tu corazón para ver tu entorno. Sé consciente de la esperanza, la luz y la encarnación a tu alrededor.

Daniel 7:15–27
Daniel 3
Lucas 21:34–36

Domingo

3 DE DICIEMBRE

• I DOMINGO DE ADVIENTO •

"Velen y estén preparados, porque no saben cuándo llegará el momento".
—MARCOS 13:33

¿Está tu corazón listo para recibir la Encarnación?

Es normal que los padres que están por tener a su primer bebé se esmeren por tener todo listo para su llegada: pañales, ropa, cobijas, cuna, etc. Pero la preparación más profunda consiste en transformar su corazón para tener la capacidad de amar y cuidar al bebé. Al preparar su corazón, esos padres se convierten en personas nuevas. El Adviento nos da la oportunidad de ir más allá de los preparativos superficiales de la Navidad y preparar nuestro corazón para la Encarnación de Jesús.

Prepárate este Adviento dedicando tiempo extra a la oración. Date tiempo para el silencio y para compartir con tu familia y tus amigos, lejos de distracciones y de los aparatos electrónicos.

Isaías 63:16b–17,19b;64:2–7
Salmo 80:2–3,15–16,18–19(4)
1 Corintios 1:3–9
Marcos 13:33–37

Lunes
4 DE DICIEMBRE

• SAN JUAN DAMASCENO, PRESBÍTERO Y DOCTOR DE LA IGLESIA •

"Señor, yo no soy digno de que entres en mi casa; con que digas una sola palabra, mi criado quedará sano".
—MATEO 8:8

¿Qué te dice Jesús en la Palabra?

Tengo una estatua de la Virgen María donde aparece sentada con sus manitas en el regazo. Su intensa mirada se posa en sus manos, esperando al bebé que pronto abrazará. Durante el Adviento, yo solía esconder al niño Dios que ella tenía en sus manos. Cada día mi mamá buscaba al bebé para regresárselo a su madre. Yo le decía que era Adviento y lo escondía de nuevo, pero ella lo encontraba y se lo regresaba a su madre. Cuando Jesús nació, la Palabra se hizo carne, el centurión reconoció el poder de la Palabra; la misma Palabra que puede transformarnos. No lo podemos esconder.

En oración, pon tus manos en el regazo para recibir la Palabra, y deja que esta te hable en silencio.

Isaías 2:1–5
Salmo 122:1–2,3–4b,4cd–5,6–7,8–9
Mateo 8:5–11

Martes
5 DE DICIEMBRE

En aquella misma hora, Jesús se llenó de júbilo en el Espíritu Santo y exclamó: "¡Te doy gracias, Padre, Señor del cielo y de la tierra, porque has escondido estas cosas a los sabios y a los entendidos, y las has revelado a la gente sencilla!".
—LUCAS 10:21

¿Te puedes imaginar a Jesús, lleno de júbilo y dando gracias al Padre?

Este es el único pasaje del Nuevo Testamento donde vemos a Jesús "lleno de júbilo". Su actitud está motivada por el éxito de los 72 discípulos y por el futuro de la Iglesia. Por eso se llena de júbilo y da gracias a Dios. Asimismo, nosotros debemos reflexionar sobre nuestro ministerio y recordar algunos de nuestros logros ministeriales, como formación, espiritualidad y presencia de Dios.

Define los objetivos que esperas lograr en tu trabajo ministerial. ¡Llénate de júbilo y da gracias a Dios!

Isaías 11:1–10
Salmo 72:1–2,7–8,12–13,17
Lucas 10:21–24

Miércoles
6 DE DICIEMBRE
• SAN NICOLÁS, OBISPO •

Todos comieron hasta saciarse, y llenaron siete canastos con los pedazos que habían sobrado.
—MATEO 15:37

¿Qué puede hacer Jesús con lo que tienes para ofrecer?

Vivimos en un mundo donde hay mucha hambre. A veces, el hambre es física, hasta el punto de la inanición; otras veces se manifiesta en un corazón vacío que refleja hambre de Dios. Jesús nos invita a seguir su ejemplo y alimentar al hambriento. Nos invita a ofrecer todo lo que tenemos para alimentarlo, para que así él pueda continuar haciendo milagros con nuestra pequeña ofrenda.

Hoy, pronuncia esta oración tradicional junto a tu oración cotidiana antes de los alimentos: "Da pan a los que tienen hambre y hambre de Dios a los que tienen pan".

Isaías 25:6–10a
Salmo 23:1–3a,3b–4,5,6
Mateo 15:29–37

Jueves
7 DE DICIEMBRE

• SAN AMBROSIO, OBISPO Y DOCTOR DE LA IGLESIA •

"No todo el que me diga '¡Señor, Señor!', entrará en el Reino de los cielos, sino el que cumpla la voluntad de mi Padre, que está en los cielos".
—MATEO 7:21

¿Qué significa realmente la palabra amor?

A veces estamos tan ocupados durante el día que olvidamos que el amor se revela en acciones. El amor es algo más que un sentimiento cálido; tiene que ser encarnado a través de las acciones. San Ignacio dice: "El amor se encuentra en los hechos, más que en las palabras". Durante el Adviento, presenciamos la Encarnación del amor a través de Jesús. Se nos llama a encarnar el amor mediante nuestras acciones.

Recuerda que tus acciones expresan el amor de tu corazón y que puedes encarnar el amor de Jesús con pequeñas acciones como sonreír, dar consuelo a alguien o ayudar a un necesitado.

Isaías 26:1–6
Salmo 118:1 y 8–9,19–21,25–27a
Mateo 7:21,24–27

Viernes
8 DE DICIEMBRE

• SOLEMNIDAD DE LA INMACULADA CONCEPCIÓN DE LA SANTÍSIMA VIRGEN MARÍA •

Al oír estas palabras, ella se preocupó mucho y se preguntaba qué querría decir semejante saludo.
El ángel le dijo: "No temas, María, porque has hallado gracia ante Dios".
—LUCAS 1:29–30

Ponte en la presencia de Dios, oración preparatoria, lectura, contemplación, diálogo, oración final.

Siéntate en el cuarto con la Virgen María. Observa cuando escucha las palabras del ángel. ¿Cómo describirías lo que está sintiendo? ¿Qué palabras escuchas? Pregúntale a la Virgen María: "¿Qué pasaba por tu mente cuando el ángel te estaba hablando? ¿Cómo te sentías?". Ella te pregunta: "¿Alguna vez tuviste miedo o ansiedad por lo desconocido?".

Si estás pasando por una situación difícil, aprovecha esta oportunidad para decirle a ella cómo te sientes.

¿Cómo terminarías esta conversación? Repasa tus pensamientos y emociones. Padre nuestro. . . .

Génesis 3:9–15,20
Salmo 98:1,2–3ab,3cd–4
Efesios 1:3–6,11–12
Lucas 1:26–38

Sábado

9 DE DICIEMBRE

• SAN JUAN DIEGO CUAUHTLATOATZIN •

"La cosecha es mucha y los trabajadores, pocos".
—MATEO 9:37

¿En qué te pareces a Juan Diego?

Al sentirse rechazado porque el obispo no creyó en él, Juan Diego le pide a la Virgen que escoja a alguien más importante con estas palabras: "Porque en realidad yo no valgo nada, soy mecapal, soy cola,. . . no es mi paradero ni mi paso allá donde te dignas enviarme".

Imaginemos a la Virgen que abraza y reconforta a Juan Diego reafirmando que ella lo ha escogido como su mensajero. Todos somos Juan Dieguitos escogidos para llevar el mensaje de Jesucristo. Cuando nos sentimos inadecuados o indignos, todo lo que necesitamos hacer es voltearnos hacia la Virgen. Ella nos abrazará, nos reconfortará y nos dirá: "Con rigor te mando. Ve a llevar mi mensaje".

Haz un alto y deja que la Virgen te abrace. ¿Qué te dice ella?

Isaías 30:19–21,23–26
Salmo 147:1–2,3–4,5–6
Mateo 9:35—10:1,5a,6–8

Domingo
10 DE DICIEMBRE
• II DOMINGO DE ADVIENTO •

Voz del que clama en el desierto:
"Preparen el camino del Señor".
—MARCOS 1:3

¿Por quién se escucha tu voz clamar?

Que nuestra voz sea escuchada es algo poderoso. Hay mucha gente que no puede hablar por miedo a perder su trabajo, a ser detenido o a ser castigado. Algunos están a punto de morir o sufren persecución por sus convicciones y se ven obligados a dejar su país o su casa.

No tengas miedo de hablar cuando veas una injusticia. ¡Exprésate! Usa tu voz cuando presencies una injusticia o cuando alguien sea disminuido. Cuando clamas por otros, preparas el camino del Señor.

Isaías 40:1–5,9–11
Salmo 85:9–10,11–12,13–14(8)
2 Pedro 3:8–14
Marcos 1:1–8

Lunes
11 DE DICIEMBRE

• SAN DÁMASO I, PAPA •

Jesús, conociendo sus pensamientos, les replicó: "¿Qué están pensando? ¿Qué es más fácil decir: 'Se te perdonan tus pecados' o 'Levántate y anda'?".
—LUCAS 5:22–23

¿Tomas la reconciliación con Dios como una rutina?

A veces fijamos tanto nuestra atención en los sucesos milagrosos como signos de la misericordia y gracia de Dios, que olvidamos el milagro de la Reconciliación. En muchos pasajes del Evangelio vemos a Jesús sanar a una persona primero física y luego espiritualmente, al perdonar sus pecados. Aunque el punto sobresaliente es la sanación física, el milagro de la Reconciliación es fundamental en nuestra relación con Dios. Nuestra fe nos enseña que, cuando vamos al sacramento de la Reconciliación con un corazón sincero, somos perdonados. ¡Esto es un milagro!

Reserva tiempo esta semana para preparar tu corazón y recibir el sacramento de la Reconciliación.

Isaías 35:1–10
Salmo 85:9ab y 10,11–12,13–14
Lucas 5:17–26

Martes
12 DE DICIEMBRE
• NUESTRA SEÑORA DE GUADALUPE •

"¿Quién soy yo, para que la madre de mi Señor venga a verme?".
—LUCAS 1:43

¿Cuál es el mensaje de Nuestra Señora de Guadalupe?

Ella lo dijo claramente: "Estaré siempre dispuesta a escuchar su llanto, su tristeza, para remediar, para curar todas sus diferentes penas, sus miserias, sus dolores. ¿No estoy aquí porque soy tu madre? ¿No estás bajo mi sombra y resguardo?". Ella pide que se le construya un templo no de ladrillo o de madera sino de compasión, justicia y solidaridad. Junto a san Juan Diego, muestra su solidaridad hacia los pobres y marginados llamando a una evangelización que integre compasión, justicia, solidaridad y paz en las Américas.

Responde al mensaje de nuestra Señora de construir este nuevo templo, esta nueva humanidad.

Zacarías 2:14–17 o Revelación 11:19a;
12:1–6a,10ab
Judit 13:18bcde,19
Lucas 1:26–38 o 1:39–47

Miércoles
13 DE DICIEMBRE
• SANTA LUCÍA, VIRGEN Y MÁRTIR •

"Vengan a mí, todos los que están fatigados y agobiados por la carga, y yo los aliviaré".
—MATEO 11:28

¿Estás dispuesto a dejar que alguien te ayude con tu carga?

Cuando vemos a un vecino o a un pariente cargando una pesada olla de pozole o empujando un auto, salimos a ayudarle. De la misma manera, Jesús quiere aliviar nuestras cargas diarias.

¿Cuáles son tus mayores cargas? ¿Te preocupa pagar la renta o una factura de teléfono? ¿Te inquieta cómo van tus hijos en la escuela o te agobia la responsabilidad de una familia lejana? Así como estás dispuesto a ayudar a alguien, Jesús quiere ayudarte a llevar tus cargas y darte descanso. En oración, cuéntale hoy a Jesús cuáles son tus cargas y permite que él te ayude a llevarlas.

Isaías 40:25–31
Salmo 103:1–2,3–4,8 y 10
Mateo 11:28–30

Jueves
14 DE DICIEMBRE
• SAN JUAN DE LA CRUZ, PRESBÍTERO Y DOCTOR DE LA IGLESIA •

"Yo les aseguro que no ha surgido entre los hijos de una mujer ninguno más grande que Juan el Bautista. Sin embargo, el más pequeño en el Reino de los cielos, es todavía más grande que él".
—MATEO 11:11–12

¿Vives la filosofía de AMDG?

El papa Francisco denomina a Juan Bautista el más grande de los profetas, pues "le preparó el camino a Jesús sin tomar la gloria para él". San Juan Bautista fue fiel a la sigla AMDG, o "para la mayor gloria de Dios", que es el fundamento de los seguidores de Jesús. Se trata de una filosofía, de un estilo de vida y de un ministerio que dice que todo lo que hacemos no lo debemos hacer para nuestra gloria, sino "para la mayor gloria de Dios". Esta posición de humildad nos recuerda la esencia de nuestra labor ministerial.

Vive la filosofía AMDG hoy. Haz algo no para ti mismo, sino "para la mayor gloria de Dios".

Isaías 41:13–20
Salmo 145:1 y 9,10–11,12–13ab
Mateo 11:11–15

Viernes
15 DE DICIEMBRE

"¿Con qué podré comparar a esta gente?".
—MATEO 11:16

¿Por qué hay gente que no puede guardar silencio en misa?

Cuando dos personas entran a la iglesia antes de la misa en español, es común oírlas hablar y reír. Habrá quien se pregunte: "¿Acaso no conocen las reglas? Deberían guardar silencio en la casa de Dios. ¡Qué ruido hacen!". Otros podrían argumentar: "¿Pero si el mensaje y su mensajero viven en nuestro corazón, por qué estar en silencio? ¿La misa es una celebración, no? ¿Quién va a una fiesta en silencio?". Los hispanos tenemos nuestra propia manera de escuchar el mensaje y seguir al mensajero. Es una manera única de vivir y practicar la fe. No es mala, solo diferente. Es la herencia de nuestros antepasados.

Reflexiona sobre la riqueza de tu cultura hispana presente en las celebraciones, las piñatas, las posadas y el júbilo de reconocer a Jesús, el mensajero y su mensaje.

Isaías 48:17–19
Salmo 1:1–2,3,4 y 6
Mateo 11:16–19

Sábado
16 DE DICIEMBRE

"Ciertamente Elías ha de venir y lo pondrá todo en orden".
—MATEO 17:11

¿Cómo es tu espera?

¿Está nuestra espera llena de esperanza y anticipación por las grandes cosas que Dios hará en nuestra vida? ¿O esperamos desanimadamente, sospechando la llegada de algo negativo? El Adviento nos recuerda la anticipada espera de la Encarnación. Es tiempo de dejar a un lado lo que nos desvía de las cosas importantes de la vida para enfocarnos en el hecho de que el Salvador nació en el mundo.

En la espera de este Adviento, anticipa las bendiciones y grandes cosas que Dios te dará. No te enfoques en preocupaciones y ansiedades; solo en el hecho de que Dios viene a estar contigo y siempre lo estará.

Eclesiástico 48:1–4,9–11
Salmo 80:2AC y 3b,15–16,18–19
Mateo 17:9a,10–13

Domingo

17 DE DICIEMBRE

• III DOMINGO DE ADVIENTO •

Este vino como testigo, para dar testimonio de la luz, para que todos creyeran por medio de él. Él no era la luz, sino testigo de la luz.
—JUAN 1:7–8

¿Recuerdas a parientes que fueron testigos de luz?

Muchos nos criamos cerca de abuelos, tíos, vecinos y amigos que reflejaban su alegría de vivir. En el centro de su actitud estaba el mensaje de misericordia y alegría de Jesucristo, que es la luz del mundo.

Como el papa Francisco lo dice: "La alegría del Evangelio llena los corazones y las vidas de todos los que se encuentran con Jesús". Al ser testigos de esta alegría, esas personas hacen un espacio para vivirla.

Evoca hoy a tus antepasados y deja que la alegría del Evangelio toque tu corazón para que seas testigo alegre de esa luz.

Isaías 61:1–2a,10–11
Lucas 1:46–48,49–50,53–54
1 Tesalonicenses 5:16–24
Juan 1:6–8,19–28

Lunes
18 DE DICIEMBRE

He aquí que la virgen concebirá y dará a luz un hijo, a quien pondrán el nombre Emmanuel, que quiere decir Dios-con-nosotros.
—MATEO 1:23

¿Cómo puedes ver a Dios?

"Olvidamos fácilmente que una de las grandes lecciones de la Encarnación es que Dios se encuentra en lo ordinario. ¿Deseas ver a Dios? Mira el rostro de la persona junto a ti. ¿Quieres oír a Dios? Escucha el llanto de un bebé, las carcajadas en una fiesta, el susurro del viento. ¿Quieres sentir a Dios? Extiende tu brazo y sostén a alguien. O silénciate, siendo consciente de las sensaciones en tu cuerpo, sintiendo su poder y qué tan cercano está Dios de ti. Emanuel, Dios con nosotros".

Reflexiona en las palabras del jesuita Anthony De Mello y busca a Dios durante el día.

Jeremías 23:5–8
Salmo 72:1–2,12–13,18–19
Mateo 1:18–25

Martes
19 DE DICIEMBRE

"Estará lleno del Espíritu Santo, ya desde el seno de su madre. Convertirá a muchos israelitas al Señor".
—LUCAS 1:15–16

¿Tu trabajo y tu ministerio guían a los demás hacia Dios?

A veces nos gusta llamar la atención. Queremos hacernos visibles mediante la ropa que usamos, el auto que manejamos o el teléfono que tenemos. San Juan Bautista nos recuerda que lo que hacemos no debe llamar la atención hacia nosotros mismos, sino hacia Dios. Nuestra vida y ministerio nunca deben atraer a los demás hacia nosotros, sino hacia Dios. Debemos disminuirnos para que Dios crezca. Cuando disminuimos, crecemos y maduramos en fe y caridad, y así Dios se hace presente.

Pídele a Dios humildad para que tú puedas disminuir y así él crezca en tu vida.

Jueces 13:2–7,24–25a
Salmo 70
Lucas 1:5–25

Miércoles
20 DE DICIEMBRE

"Vas a concebir y a dar a luz un hijo y le pondrás por nombre Jesús. Él será grande y será llamado Hijo del Altísimo".
—LUCAS 1:31–32

¿Cómo puedes ver a Jesús hoy?

La Encarnación significa que Dios se hizo un ser humano como nosotros. Jesús tuvo sentimientos, emociones y luchas. Él es y vive entre nosotros. No existe ninguna otra religión donde lo divino se haya hecho humano. Como resultado de la Encarnación, podemos descubrir y encontrar a Jesús en medio de nosotros. Solo necesitamos abrir los ojos y los oídos de nuestro corazón para verlo y oírlo.

Busca a Jesús en el día de hoy. Te invito a encontrarlo en la cajera de la tienda, en un algún familiar, en el que maneja el auto junto a ti o en tu enemigo.

Isaías 7:10–14
Salmo 24:1–2,3–4ab,5–6
Lucas 1:26–38

Jueves
21 DE DICIEMBRE
• SAN PEDRO CANISIO, PRESBÍTERO Y DOCTOR DE LA IGLESIA •

En cuanto esta oyó el saludo de María, la criatura saltó en su seno. Entonces, Isabel quedó llena del Espíritu Santo.
—LUCAS 1:41

¿Cómo reaccionas ante las dificultades y los retos de la vida?

María y su prima Isabel estaban en cinta en las situaciones más inesperadas. No comprendían lo que estaba pasando, pero estaban llenas de paz y alegría porque Dios estaba presente entre ellas. Todos enfrentamos situaciones sin sentido o difíciles de comprender, y es en esos momentos en los que debemos tener fe y confiar en la acción de Dios que obra en nuestras vidas.

¡Sigue el ejemplo de María e Isabel! Deja a un lado el miedo y confía en la paz que te da Dios.

Cantar de los Cantares 2:8–14 o
Sofonías 3:14–18a
Salmo 33:2–3,11–12,20–21
Lucas 1:39–45

Viernes
22 DE DICIEMBRE

*"Ha hecho sentir el poder de su brazo:
dispersó a los de corazón altanero,
destronó a los potentados
y exaltó a los humildes.
A los hambrientos los colmó de bienes
y a los ricos los despidió sin nada".*
—LUCAS 1:51–53

¿Por qué rezar el *Magníficat*?

Los pobres suelen sufrir en manos de los poderosos y ricos. Algunos son forzados a emigrar de sus ciudades en busca de alimento para sus familias, y en ocasiones mueren o desaparecen sin que nadie haga nada. Otras veces los pobres son tratados injustamente o son mal remunerados. El *Magníficat* nos recuerda que la lógica de Dios no es la lógica y la justicia de este mundo. Dios enaltece a los humildes y colma de bienes a los hambrientos.

Pide a Dios por quienes sufren en manos de los poderosos. Reza con las palabras del *Magníficat*.

1 Samuel 1:24–28
1 Samuel 2:1,4–5,6–7,8abcd
Lucas 1:46–56

Sábado
23 DE DICIEMBRE

• SAN JUAN CANCIO, PRESBÍTERO •

"¿Qué va a ser de este niño?". Esto lo decían, porque realmente la mano de Dios estaba con él.
—LUCAS 1:66

Ponte en la presencia de Dios, oración preparatoria, lectura, contemplación, diálogo, oración final.

A través de los sucesos del nacimiento de Juan Bautista, la gente reconoció claramente que la mano de Dios estaba con él.

Adéntrate en las Escrituras y siéntate con Juan. Tú le preguntas: "¿Te dio miedo saber que Dios tenía algo importante para tu vida? ¿Cómo sabías que Dios te estaba guiando?". Juan te dice: "Dios te llama a ser parte de su gran plan ¿Te dejarás guiar? ¿En qué área ves la mano del Señor que obra en tu vida?".

¿Cómo terminarías esta conversación? Repasa tus pensamientos y emociones. Padre nuestro. . . .

Malaquías 3:1–4,23–24
Salmo 25:4–5ab,8–9,10 y 14
Lucas 1:57–66

Domingo
24 DE DICIEMBRE
• IV DOMINGO DE ADVIENTO •

"Vas a concebir y a dar a luz un hijo y le pondrás por nombre Jesús. Él será grande y será llamado Hijo del Altísimo".
—LUCAS 1:31–32

¿Qué puedes aprender de un bebé recién nacido?

Al cargar a un bebé, experimentamos una sensación que nos mueve a ser desinteresados y amar abiertamente. Al sostener a ese pequeño vulnerable y dependiente, morimos a nosotros mismos y nos enfocamos en las necesidades del bebé.

Al prepararte para esta noche santa que te conduce a la Navidad, dedica un rato a reflexionar en silencio. Si tienes un pesebre, te invito a que tomes al niñito Jesús en tus manos y seas consciente de la presencia de Dios. Deja que ese bebé te lleve a un amor desinteresado y a una oración profunda.

2 Samuel 7:1–5,8b–12,14a,16
Salmo 89:2–3,4–5,27,29(2a)
Romanos 16:25–27
Lucas 1:26–38

Lunes
25 DE DICIEMBRE
• NATIVIDAD DEL SEÑOR •

*La luz brilla en las tinieblas
y las tinieblas no la recibieron.*
—JUAN 1:5

¿De qué tamaño debe ser la vela o la llama para dar luz a un cuarto oscuro?

En este día santo, la luz de Cristo viene al mundo para brillar intensamente en nuestro corazón. Esta luz es un signo de fe que nos guía y nos calienta. La oscuridad nunca invadirá la luz.

Busca una vela. Siéntate cómodamente en un lugar especial de tu casa y prende la vela. Pasa un rato reflexionando mientras observas la llama. No se necesitan palabras. ¡Deja que la luz te hable!

MISA VESPERTINA DE LA VIGILIA:
Isaías 62:1–5
Salmo 89:4–5,16–17,27,29(2a)
Hechos 13:16–17,22–25
Mateo 1:1–25 o 1:18–25

MISA DE LA NOCHE:
Isaías 9:1–6
Salmo 96:1–2,2–3,11–12,13
Tito 2:11–14
Lucas 2:1–14

MISA DE LA AURORA:
Isaías 62:11–12
Salmo 97:1,6,11–12
Tito 3:4–7
Lucas 2:15–20

MISA DEL DÍA:
Isaías 52:7–10
Salmo 98:1,2–3,3–4,5–6(3c)
Hebreos 1:1–6
Juan 1:1–18 o 1:1–5,9–14

Martes
26 DE DICIEMBRE
• SAN ESTEBAN, PROTOMÁRTIR •

"Pues no serán ustedes las que hablen, sino el Espíritu de su Padre el que hablará por ustedes".
—MATEO 10:20

¿Compartes la Buena Nueva?

Jesús nació en un mundo que no estaba listo para recibirlo. No quisieron escuchar su mensaje, su estilo de vida ni la Buena Nueva. En nuestros días aún existen personas que no quieren escuchar ese mensaje, pero no importa, ya que nuestra misión es llevar la Buena nueva de Dios a todas partes. No deberá sorprendernos la respuesta de algunas personas al escuchar el mensaje de Jesús.

Sé firme en el mensaje y en tus convicciones. Sigue predicando el plan de amor y misericordia de Dios, para que todos sepan que su mensaje y estilo de vida es la respuesta a las añoranzas de su corazón.

Hechos 6:8–10;7:54–59
Salmo 31:3CD–4,6 y 8AB,16BC y 17
Mateo 10:17–22

Miércoles
27 DE DICIEMBRE
• SAN JUAN, APÓSTOL Y EVANGELISTA •

"Se han llevado del sepulcro al Señor y no sabemos dónde lo habrán puesto".
—JUAN 20:2

¿Por qué hablar de la muerte de Jesús cuando estamos celebrando su nacimiento?

Parece extraño que la lectura que prosigue a la Navidad se enfoque en el rechazo y la Resurrección de Jesús. Acabamos de celebrar el nacimiento del niño Jesús y todavía vemos árboles de Navidad y pesebres a nuestro alrededor. Entonces, ¿por qué enfocarnos en su rechazo y Resurrección? La Encarnación está fuertemente conectada a la Pasión, Muerte y Resurrección de Jesucristo. Contamos toda la historia porque esta revela el cumplimiento del plan de Dios.

Vive la Natividad, pero a la vez recuerda la tumba vacía y la victoria de Jesús. Celebra el cumplimiento del plan de Dios en todas sus etapas, desde la Encarnación hasta el Misterio Pascual.

1 Juan 1:1–4
Salmo 97:1–2,5–6,11–12
Juan 20:1a,2–8

Jueves
28 DE DICIEMBRE

• LOS SANTOS INOCENTES, MÁRTIRES •

José se levantó y esa misma noche tomó al niño y a su madre,
y partió para Egipto.
—MATEO 2:14

Ponte en la presencia de Dios, oración preparatoria, lectura, contemplación, diálogo, oración final.

Adéntrate en este pasaje y junto a la madre de Dios, escucha a su esposo decir que deben dejar todo de inmediato para salvar la vida de su hijo. ¿Qué emociones o expresiones visibles observas en su rostro?

Pregúntale a la Virgen María: "¿Qué sientes en este momento? ¿Qué es lo que más temes?". Ella te pregunta: "¿Cómo te sentirías si tuvieras que dejar casa, trabajo y familia para salvar la vida de tu hijo?".

En nuestros días, la gente sufre de persecuciones a nivel mundial. ¿Qué puedes hacer tú para aliviar su sufrimiento o para hacerlos sentir bienvenidos?

¿Cómo terminarías esta conversación? Repasa tus pensamientos y emociones. Padre nuestro. . . .

1 Juan 1:5—2:2
Salmo 124:2–3,4–5,7b–8
Mateo 2:13–18

Viernes
29 DE DICIEMBRE

• SANTO TOMÁS BECKET, OBISPO Y MÁRTIR •

Transcurrido el tiempo de la purificación de María, según la ley de Moisés, ella y José llevaron al niño a Jerusalén para presentarlo al Señor.
—LUCAS 2:22

¿Qué costumbres, ritos o tradiciones de fe son importantes para ti?

María y José practicaban sus tradiciones. Nosotros también tenemos rituales populares que nos conectan a Dios en lo cotidiano, como los rosarios colgados del espejo retrovisor del auto, los altarcitos en los hogares, las luminarias, la rosca de reyes, levantar al niño y el día de la Candelaria. Estos importantes ritos y tradiciones nos mantienen conscientes de la presencia de Dios y nos permiten ver su obra. En otras palabras, los ritos y las tradiciones iluminan la presencia de Dios en nuestra vida.

Celebra las costumbres hispanas de fe en este tiempo navideño. Invita a tu familia a participar y vivir de cerca estas ricas tradiciones.

1 Juan 2:3–11
Salmo 96:1–2a,2b–3,5b–6
Lucas 2:22–35

Sábado

30 DE DICIEMBRE

El niño iba creciendo y forteleciéndose, se llenaba de sabiduría y la gracia de Dios estaba con él.
—LUCAS 2:40

¿Quién te guió o ayudó en tu formación?

Una típica familia hispana incluye a mamá, papá, abuelos, tíos, primos, padrinos, vecinos y amigos cercanos. Esta comunidad de amor nutre a los hijos para que desarrollen sabiduría, fuerza y fe.

Piensa en alguien de tu familia que desempeñó un papel importante en tu desarrollo. ¿Fue tu abuela la que te enseñó a rezar o algún tío el que te enseñó a disfrutar tu trabajo y hacerlo con dignidad? ¿Hubo un padrino que te enseñó a ser generoso y a dar tu tiempo y dinero? Reflexiona sobre las lecciones de fuerza, sabiduría y fe que tus familiares te han enseñado. Da gracias a Dios por esas personas en tu vida y encuentra formas de transmitir y compartir esa sabiduría.

1 Juan 2:12–17
Salmo 96:7–8a,8b–9,10
Lucas 2:36–40

Domingo
31 DE DICIEMBRE

• LA SAGRADA FAMILIA •

Y todo lo que digan y todo lo que hagan, háganlo en el nombre del Señor Jesús, dándole gracias a Dios Padre, por medio de Cristo.
—COLOSENSES 3:17

¿Existe una mejor forma de celebrar el fin del año que con tu familia?

La familia es parte de nuestra identidad. Son las personas más importantes de nuestra vida y los que nos acompañan en el camino. Son la encarnación del amor de Dios en lo cotidiano. Por eso debemos dedicar tiempo a honrarlos y apreciarlos.

¡Sé intencional! Inicia una nueva tradición de celebrar la fiesta de la Sagrada Familia. Si tu familia está lejos, reúne a tus amigos e invítalos a una comida especial. Dedica un rato a compartir con cada persona, porque cada una es única. Comparte tus memorias favoritas y termina con una oración dando gracias por esa persona.

¡Que Dios te bendiga junto a tus seres queridos!

Génesis 15:1–6;21:1–3 o Eclesiástico 3:2–6,12–14
Salmo 105:1–2,3–4,5–6,8–9(7a,8a)
Hebreos 11:8,11–12,17–19 o Colosenses 3:12–21 o 3:12–17
Lucas 2:22–40 o 2:22,39–40